MERIAN *live!*

W0011747

KREUZFAHRT
Emirate · Oman

Birgit Müller-Wöbcke arbeitet als Reisejournalistin mit zahlreichen Buchveröffentlichungen, darunter auch über Dubai und Abu Dhabi. Stets aufs Neue anregend findet sie die Emirate und Oman, die sie seit 25 Jahren jährlich besucht.

Familientipps Ausflüge

Umweltbewusst Reisen Faltkarte

FotoTipp

Preise für ein dreigängiges Menü
ohne Getränke:

€€€€ ab 40 € €€€ ab 30 €
€€ ab 20 € € bis 10 €

INHALT

◄ Blick auf die Skyline von Abu Dhabi (► S.50), eines der Highlights auf der Kreuzfahrt.

Willkommen in den Emiraten und Oman. Das schwimmende Hotel bringt die Reisenden vom Mittelalter ins dritte Jahrtausend, von einsamer Wüstenei in Hightech-Metropolen, von traditionellen Souks zu Shoppingmalls.

Nur langsam lassen wir Dubai hinter uns, denn immer weiter dehnen sich die glitzernden Hochhäuser und himmelragenden Wolkenkratzer ins Landesinnere aus. Schließlich säumen nur noch Wüstendünen die Straße, hinter den Drahtzäunen grasen Kamele vor silbern schimmernden Sträuchern. Wir verlassen die asphaltierte Straße, und hinein geht es in den gigantischen Sandkasten der Wüste mit teilweise rötlich schimmernden Dünen.

Abenteuer Landgang

Mit halsbrecherischem Tempo rast unser Fahrer auf einen der Sandberge zu, erklimmt den Gipfel, und

schon geht es in den rotgolden glänzenden Abgrund. Ali, unser Fahrer, genießt es sichtlich, seine Fahrkünste zum Einsatz zu bringen. »Don't worry!«, beruhigt er uns. Schließlich entspannen wir uns, nicht zuletzt, weil wir am Horizont unser Ziel erkennen: ein Beduinencamp. Auf Teppichen und Kissen sitzt man auf dem Boden, bedient sich am Buffet mit arabischen Köstlichkeiten. Orientalische Musik, Beduinenfrauen, die anbieten, unsere Hände mit Henna zu tätowieren, ein Einheimischer, der uns in weißer Dishdasha und mit einem Falken auf dem Arm begrüßt. Bevor es Zeit wird, wieder an Bord zurück-

◄ Burj Khalifa (► S. 32) in Dubai: das höchste Gebäude der Welt.

zufahren, genießen wir noch ein paar Stunden das Erlebnis Wüste.

Auf einer Emirate-Kreuzfahrt hört man es immer wieder: »Ahlan wa Salam« – ein herzliches »Willkommen«. Früher, in den beduinisch geprägten Gesellschaften vor dem Ölboom, konnte man zu jeder Tageszeit in einem Haus erscheinen und sicher sein, auf diese Weise empfangen und mit allerlei Speisen und Getränken umsorgt zu werden.

Tradition und Luxus

Mit dem äußeren Reichtum hat sich vieles verändert, und die Einheimischen machen sich rar im öffentlichen Leben. Sie umgibt eine stolze, selbstbewusste Ausstrahlung – in Dubai und Abu Dhabi ebenso wie in Qatar. Tatsächlich gehören die »locals« oder »nationals«, wie sie sich selbst nennen, inzwischen zu Minderheiten in ihren Ländern. Nur durch den massiven Zuzug von ausländischen Arbeitskräften konnte vor einigen Jahrzehnten die Transformation von kleinen Hafenorten in Weltmetropolen gelingen.

Unverändert geblieben ist hingegen das religiöse Leben: Der Islam, was übersetzt »Hingabe zu Gott« heißt, ist Richtschnur des äußeren wie inneren Lebens der Einheimischen. Fünfmal am Tag ertönt der Ruf des Muezzins vom Minarett, und die Männer strömen zum Gebet. Mit der Gebetskette in der einen, dem Handy in der anderen Hand lebt man in den Emiraten im 21. Jh. In den edlen Shoppingmalls und den Gold-Souks erlebt man internationalen Konsum. Die Länder im

Süden der Arabischen Halbinsel verführen zum Staunen, zum einen durch den grenzenlosen Luxus, dem man hier auf Schritt und Tritt begegnet, und die Umsetzung architektonischer Visionen, die uns Europäer verblüffen, zum anderen auch durch das Nebeneinander von Gegensätzen. Golfturniere und Kamelrennen, Souks wie zu Zeiten von Sindbad dem Seefahrer neben Gucci-Boutiquen, verschleierte Frauen, die in der Mall die neueste Bademode begutachten, Männer, die große Unternehmen leiten und am Wochenende ein Zelt in der Wüste aufschlagen, um mit Falken zur Jagd zu gehen.

Die Vielfalt des Orients

Das Reizvolle auf einer Emirate-Kreuzfahrt ist die Möglichkeit, in kurzer Zeit die ganze Vielfalt arabischer Länder und deren Entwicklung kennenzulernen. Bereits die sieben Emirate, die zusammen die Vereinigten Arabischen Emirate (VAE) bilden, sind höchst unterschiedlich. Zwischen Dubai, das sich inzwischen zu einer Art »Weltwunder« und Metropole der Superlative entwickelt hat, und dem megareichen und viel größeren Abu Dhabi werden Sie gewaltige Unterschiede feststellen und schließlich sehen, dass auch hierzulande noch unbekannte Emirate für Besucher einiges zu bieten haben. Im kleinen Inselkönigreich Bahrain sieht man, dass die Uhren eher langsam gehen und touristische Entwicklung noch in den Anfängen steckt. Das Sultanat Oman, wo Einheimische nach wie vor als Fischer und Bauern arbeiten, fasziniert ebenso durch seine vielen Burgen und Forts wie durch die grandiosen Gebirgslandschaften.

MERIAN TopTen

MERIAN zeigt Ihnen die Höhepunkte dieser Kreuzfahrt.
Das sollten Sie sich auf Ihrer Reise entlang der Emirate und
Oman nicht entgehen lassen.

1 Burj Al Arab, Dubai
Dubais Hotel-Ikone avancierte zum Wahrzeichen der Stadt und ziert sogar die Autokennzeichen des Emirats (▶ S. 31).

2 Burj Khalifa, Dubai
Turmbau zu Dubai: Das mit 828 m Höhe höchste Gebäude der Welt bietet drei Aussichtsplattformen – ein spektakuläres Erlebnis zu jeder Tageszeit (▶ S. 32).

3 The Palm Jumeirah, Dubai
Mit der Monorail auf die künstliche Insel in Form einer gigantischen Palme (▶ S. 36).

4 Museum of Islamic Civilization, Sharjah
Im ehemaligen Souk Mujarrah lockt eine Sammlung islamischer Exponate. Schatz ist ein Stück Stoff, das von der Umhüllung der Kaaba in Mekka stammt (▶ S. 49).

5 Sheikh Zayed Grand Mosque, Abu Dhabi

Die größte Moschee der Arabischen Halbinsel ist auch die schönste. Schneeweißer Marmor, kostbare Halbedelsteine, funkelndes Gold und gewaltige Kronleuchter zeigen die Freude am Opulenten (▸ S. 54).

6 Louvre Abu Dhabi

Eine gigantische weiße Kuppel ist das Erkennungszeichen des von Star-Architekt Jean Nouvel entworfenen Museums auf Saadiyat Island, dem neuen Kunst-Mekka der Region (▸ S. 55)

7 Museum of Islamic Art, Doha, Qatar

Auf einer eigens geschaffenen künstlichen Insel von Star-Architekt I.M. Pei entworfen: Der architektonische Wunderbau versammelt unter seinem Dach wertvolle islamische Kunst (▸ S. 80, 82).

8 Fort Bahrain, Manama, Bahrain

Der Festungsbau bietet den perfekten Rahmen, um die Geschichte der Insel mit vielen Fundstücken und Exponaten ansprechend darzustellen (▸ S. 94).

9 Souk von Mutrah, Oman

Ein orientalisches Basarviertel wie aus dem arabischen Bilderbuch. In den dämmrigen engen Gassen kaufen die Omanis Gewürze, Bekleidung und Weihrauch (▸ S. 100).

10 Festung Nakhal, Oman

Am Fuß des Hajargebirges und in einer malerischen Dattelpalmoase gelegen: Die gewaltige Lehmburg birgt hinter hohen Mauern und Rundtürmen so manchen Schatz (▸ S. 110).

MERIAN Tipps

Mit MERIAN mehr erleben. Entdecken Sie auf Ihren Landgängen das Leben und die besonderen Orte in den Hafenstädten der Emirate und des Omans.

1 Local House, Dubai
Im alten Windturmviertel gelegen serviert der orientalische Coffee Shop seinen Gästen sogar Camel Burger (▶ S. 23).

2 Jumeirah Mosque, Dubai
Am Jumeirah Beach öffnet die elfenbeinfarbene Prachtmoschee ihre Tore auch nichtmuslimischen Besuchern (▶ S. 35).

3 Saadiyat-Modell im Manarat al-Saadiyat, Abu Dhabi
Erst besichtigt man das Modell der im Bau befindlichen Museumsinsel, dann folgt ein Lunch im Restaurant Fanr des Kunst- und Kulturzentrums (▶ S. 52).

4 Pearls Bar, Abu Dhabi
Absolut in und obendrein mit fantastischem Ausblick (▶ S. 57).

5 Stierkampf in Fujairah
Stierkampf auf Arabisch und ohne Blutvergießen: Wenn die Bullen ihre Kräfte messen, geht es lebhaft zu. Die Omanis genießen das Schauspiel und fachsimpeln über die Tiere (▸ S. 62).

6 Kalba Birds of Prey Centre, bei Fujairah-Stadt
Gewaltige Geier sind die Besucherlieblinge bei den täglichen Falknerei-Vorführungen, doch gibt es noch Dutzende andere Raubvogelarten, die man hier kennenlernen kann (▸ S. 65).

7 Restaurant Al-Mourjan, Doha, Qatar
Einheimische VIPs treffen sich auf der Terrasse über dem Meer und genießen die Skyline – und nach Sonnenuntergang lockt ein Lichtermeer (▸ S. 84).

8 Souq al-Waqif, Doha, Qatar
Treffpunkt der Bevölkerung sind die Läden, Cafés und stimmungsvollen Restaurants des historischen und perfekt restaurierten Souks (▸ S. 86).

9 Bait Muzna, Muscat, Oman
In einem prächtigen arabischen Patio-Haus in Muscats Altstadt wird zeitgenössische omanische Kunst präsentiert (▸ S. 106).

10 Weihrauch aus dem Weihrauchland, Salalah, Oman
Der beste Ort zum Einkauf ist das Commercial Center von Salalah: Hier gibt es Weihrauch und andere Duftharze. Nicht nur die Hotels, auch die Einheimischen kaufen hier sehr gern ein (▸ S. 116).

Unterwegs zu den schönsten Zielen in den Emiraten und in Oman, ist bereits der Aufenthalt an Bord des Kreuzfahrtschiffes – hier am Pooldeck der »MS Europa« (▶ S. 14) – ein Erlebnis.

Zu Gast in den **Emiraten und Oman**

Beim Landgang lässt sich die orientalische Vielfalt erleben: die Landesküche, die Welt der Souks und die bunten Feste.

Praktische Infos

zur Kreuzfahrt. Einige Informationen, die das Leben an Bord erleichtern und die Reise angenehm gestalten, von Ein- und Ausschiffen über Kabinenwahl bis Ausflugsprogramm.

◂ Auf der »Queen Mary 2« (▸ S. 14), dem Flaggschiff der Cunard Line, speist man in opulentem Rahmen.

Die Emirate und Oman gehören nicht zu den klassischen Kreuzfahrtregionen wie beispielsweise die Karibik und das Mittelmeer. Mit dem Aufstieg Dubais und Abu Dhabis zu schillernden Megametropolen und dem Ausbau der touristischen Infrastruktur in Qatar und Oman rückten die orientalischen Länder mehr und mehr in den Blickpunkt des Interesses, und Kreuzfahrten in der Region erleben seit einigen Jahren einen Aufschwung.

Eine Kostenfrage

Die Kosten für eine Kreuzfahrt schwanken beträchtlich und sind abhängig von der Saison, der gewählten **Kabinenkategorie** (Kabine oder Suite, innen oder außen) und dem gebotenen Komfort auf See. Ebenso wie bei Hotels lassen sich auch Kreuzfahrtschiffe in Sterne-Kategorien einstufen. Im Drei-Sterne-Segment ist man ab 200 € pro Person und Tag (inkl. Verpflegung) dabei, während es in der Luxusklasse in der Hauptsaison auch schon 800 € sein können. Frühbucher erhalten mitunter Vergünstigungen von mehreren Hundert Euro, ebenso wie Last-Minute-Reisende.

Preislich am günstigsten ist auf Schiffen stets die Innenkabine, die kein Fenster aufweist. Diese verfügt aber in der Regel über einen Fernseher, der mithilfe einer Kamera »Meerblick« ermöglicht. Danach rangieren Außenkabinen mit Sichtbehinderung, etwa durch auf dem umlaufenden Gang befindliche Rettungsboote. Außenkabinen mit

freier Sicht oder Balkon sind teurer. Ein Vielfaches kosten Suiten, die neben einem Schlafzimmer auch noch über einen separaten Wohnbereich verfügen sowie – auf modernen Luxuslinern üblich – mit Balkonen ausgestattet sind. Mittlerweile bieten aber immer mehr Kreuzfahrtschiffe einen Balkon auch in einfachen Außenkabinen – ein beträchtlicher Luxus, der viel zur Qualität einer Reise beiträgt und für die meisten Gäste zum absoluten Lieblingsplatz an Bord wird. Kostengünstiger sind auch Kabinen im vorderen Schiffsbereich, da dort mitunter stärkere Schiffsbewegungen auftreten können; am ruhigsten sind Kabinen in der Schiffsmitte. Im hinteren Bereich des Schiffs, achtern genannt, sind die Maschinen oftmals nicht nur deutlich zu hören, sondern auch in Form von Vibrationen zu spüren. Dazu gilt: Je höher die Kabine liegt, desto leiser und komfortabler ist sie. Unten werden sie kleiner, das gilt auch für die Fenster, die noch weiter unten zu Bullaugen werden und sich nicht mehr öffnen lassen.

Das richtige Schiff

Unterschiedlich ist die Anzahl der Passagiere auf Kreuzfahrtschiffen. Ein wichtiges Kriterium bei der **Wahl** eines Schiffes ist daher auch dessen Größe. Neuere Schiffe, die 14 Decks (Stockwerke) und mehr zählen, können 3000–4000 Passagiere an Bord nehmen. Dies bedeutet auf der einen Seite ein großes Angebot an Unterhaltungs- und Restaurantmöglichkeiten, kann auf der anderen Seite auch von Nachteil sein, etwa wenn sich bei Familien mit Kindern der Nachwuchs eher schwer zurechtfindet.

Die richtige Flotte

Luxuriösestes Kreuzfahrtschiff der Welt ist nach wie vor die zur Hapag-Lloyd gehörende »MS Europa« (mit sechs Sternen). Der 1999 gebaute Luxusliner verfügt über ein außergewöhnlich großes Platzangebot in den nur 204 Balkon-Kabinen. Neben den von hoch dekorierten Köchen zubereiteten Menüs, der freien Sitzplatzwahl und einem engagierten Bordpersonal, das den Gästen fast jeden Wunsch erfüllt, sowie exquisiten Unterhaltungsangeboten wird auch ein maßgeschneidertes Ausflugsprogramm geboten, das höchsten Luxus und Individualität vereint. In den Emiraten und Oman ist das Kreuzfahrtschiff mehrmals pro Jahr unterwegs, mitunter auch auf der Strecke ins Mittelmeer bzw. weiter in Richtung Asien.

Wenn man auf einem anderen Kreuzfahrtschiff ein ähnlich hohes Niveau wie auf der »MS Europa« erleben möchte, bleibt lediglich die Möglichkeit, sich im gesonderten VIP-Bereich einzubuchen, um eine Suite mit eigenem Butler-Service, privater Rezeption, einem ausschließlich den VIP-Gästen vorbehaltenem Pool-Bereich sowie eigener Panorama-Lounge zu genießen. Dieser Service setzt sich fort auf den Landausflügen, die man getrennt vom Gros der übrigen Passagiere in Limousinen und mit individueller Führung unternimmt.

Ein Schiff, zwei Klassen

Auf der »Titanic« gab es drei Klassen, trotzdem hatten sich Rose (Kate Winslet) und Jack (Leonardo DiCaprio) quer über die unterschiedlichen Decks gefunden. Das überkommene Prinzip der getrennten Klassen wird jetzt von einigen Kreuzfahrtunternehmen auf großen Schiffen zum Teil wieder eingeführt. Die Cunard Line (»Queen Victoria«, »Queen Elizabeth«, »Queen Mary 2«) unterhält traditionell schon immer zwei Klassen und nennt die erste Klasse »Grill Class« mit Suiten, eigenen Restaurants und besonderem Service. MSC Cruises bietet auf ihren vier Schiffen (u.a. »MSC Fantasia«) den »MSC Yacht Club« mit Luxussuiten, Butlerservice, exklusiven Lounges und Privatsphäre. AIDA, eher bekannt für günstige und für Familien geeignete Kreuzfahrten mit Spaßkonzept, hat auf der neuen »AIDAprima« mit dem »Patiodeck« einen 14 Suiten umfassenden Bereich mit Privatyacht-Ambiente eingerichtet. Die »Lanaikabinen« – Lanai ist eine landschaftlich besonders reizvolle hawaianische Insel – bieten einen kleinen Außenpool, Wintergarten und zwei Bäder. Ein ähnlicher Erste-Klasse-Bereich ist auch für die »AIDAperla« vorgesehen. Die erste Klasse der Norwegian Gruise Line, die sieben ihrer 14 Schiffe damit ausstattet, wird »Haven« genannt und bietet auch Suiten mit eigenem Patio.

Junges Publikum

Zu den beliebtesten Kreuzfahrtschiffen gehören in Deutschland die Ozeanriesen der Reederei **AIDA Cruises** (www.aida.de), eine Flotte, die eine unprätentiöse, junge Club-Atmosphäre mit Animation und viel Unterhaltung bietet. Abendlicher Treffpunkt der Reisenden ist das sich über drei Decks ziehende und 3000 qm umfassende Theatrium, hier verschmelzen Marktplatz, Theater und Bars zu einem kommunikativen Gesamterlebnis. Ein vielfältiges Spa-Angebot verwöhnt Körper und Seele, für aktive Erholung sorgt das Sportprogramm an Bord und bei Landausflügen. Die mit Augen und Mund bemalten Schiffe bieten in warmen Farben ausgestattete Kabinen, oftmals jedoch nur 14 qm groß. Zu den AIDA-Kunden gehören auffallend viele Stammkunden, die mit den Schiffen der Linien bereits alle Weltmeere durchkreuzt haben. Mehrere interessante Kombinationen, auf denen Dubai, Oman und Bahrain Anlaufziele sind, werden jährlich neu veranstaltet, teils auch in Verbindung mit asiatischen Zielen, sogenannten Transasien-Routen.

Reederei mit Tradition

Die italienische **Costa Crociere** (www.costakreuzfahrten.de) kann auf eine lange Tradition zurück-blicken, denn bereits 1948 startete das erste Passagierschiff zu seiner Pionierfahrt von Genua nach Buenos Aires. Heute verfügt Costa über 15 Schiffe, üppig und fantasievoll gestylt, ein jedes mit einem anderen Dekor und anderen gestalterischen Schwerpunkten. 2010 wurde die »Costa Deliziosa« sogar als erstes Schiff in einem Arabischen Emirat feierlich getauft. Als erste Reederei der Welt wurde Costa zudem mit dem Green Star ausgezeichnet, einem Siegel für die Einhaltung von Umweltstandards. Deutschsprachiger Service an Bord, Abholung an der Haustür durch einen separat zu buchenden Pick-Up-Service stellen besonders auch ältere Gäste zufrieden. Das Samsara Spa wiederum bietet auf den beiden obersten Decks der Schiffe mit fantastischem Blick auf das Meer ein 6000 qm großes, orientalisch gestyltes Ambiente mit

Eine Außenkabine mit Balkon und Meerblick (▶ S. 13) ist zwar preislich etwas teurer, macht die Kreuzfahrt aber zum unvergesslichen Urlaub.

Unterhaltung wird großgeschrieben: Abends bieten die Kreuzfahrtschiffe ihren Gästen aufwendige Bühnenshows – hier das Bordtheater der »Costa Deliziosa« (▶ S. 16).

großem Thalasso-Pool sowie ein umfassendes Angebot an Thai-, schwedischen und ayurvedischen Massagetechniken: die passende Einstimmung für die Landausflüge der Orientkreuzfahrten. Costa bietet einwöchige Kreuzfahrten, die in Dubai starten und nach Bahrain und Oman führen.

Kreuzfahrt mit Stil

Die sechs Kreuzfahrtschiffe von **TUI Cruises** (www.tuicruises.com), »Mein Schiff« und »Mein Schiff 2 bis 6«, stehen für ein stilvoll-modernes Urlaubserlebnis mit Anspruch. Edel und elegant wirkt bereits das an historische Atlantikkreuzer erinnernde, tiefe Blau des Schiffsrumpfes. Kabinengrößen ab 17 qm, besonders schön als Balkonkabinen mit 5 qm großen, nautisch gestalteten Balkondecks, auf denen der Gast nach dem Aufwachen den in seiner

Kabine selbst zubereiteten Cappuccino trinkt, sind ein weiteres Plus. Zehn anspruchsvoll gestaltete Restaurants und Bistros, darunter das Hauptrestaurant mit angenehmen À-la-carte-Bestellungen, ein großzügiges, luxuriöses Bord-Spa mit Sauna und Dampfbad sowie einer großen Auswahl an (kostenpflichtigen) kosmetischen Anwendungen und eine Ladengalerie, in der auch exklusive Marken geführt werden, sorgen für eine luxuriöse Atmosphäre an Bord. Wem der Sinn nach Ruhe und Einsamkeit steht, der findet auf den Schiffen zahlreiche versteckte Sitzplätze, von denen aus man ganz ungestört das Meer genießen kann. Abwechslungsreiche, leichte Unterhaltung hingegen versprechen die abendlich im Theater aufgeführten Musicalproduktionen. Mehrmals jährlich, meist im Frühjahr und im Winter, verkehren die

TUI-Cruises-Schiffe auf den »Dubai« und »Transarabien« genannten Routen in der Region.

Im Hafen

Unterwegs zu den Emiraten und Oman wird der Reisende bald feststellen, dass nicht alle Destinationen einen Pier für Kreuzfahrtschiffe besitzen und sie daher vor dem Hafen auf Reede liegen. Hier nimmt der Landgang mehr Zeit in Anspruch. Denn der Transport der Passagiere vom Schiff in den Hafen (und zurück) erfolgt durch Tenderboote für 50 bis 100 Personen. Bei mehreren Tausend Passagieren kann das eine geraume Weile dauern.

Klima und Kleidung

Sportlich-leger sollte die Kleidung an Bord der Kreuzfahrtschiffe schon sein, damit man sich wohlfühlt. Nur wenige Kreuzfahrtschiffe haben an Bord eine **Kleiderordnung**, d. h., zum Essen wird Wert auf formale Bekleidung gelegt (lange Hosen, Krawatten, Jackett für Herren, evtl. auch Dinner Jacket, für Damen Abendkleid). Auf US-Schiffen geht es meist etwas legerer zu, hin und wieder tragen die Gäste auch Tank Tops und Shorts zum Dinner. Im Unterschied zu früheren Jahrzehnten besteht heute meist keine strenge Kleiderordnung mehr. Abendkleid und edler, dunkler Anzug hingegen sind noch immer die klassische Bekleidung beim Captain's Welcome und zum Captain's Dinner.

Rücksicht nehmen sollte man beim Kofferpacken auch auf das **Klima** und die **kulturellen Bräuche** der Destination. In der Golfregion herrscht Wüstenklima: In den Wintermonaten wird es nach Einbruch der Dämmerung recht kühl, und deshalb gehören Jacken und wärmende Pullover mit ins Gepäck. Ab März steigen die Temperaturen kontinuierlich, und im August herrschen in den Ländern teilweise Temperaturen über 40 Grad, in den Koffer gehören dann leichte Baumwoll- und Leinenbekleidung sowie Kopfbedeckungen. Enge, kurze oder gar durchscheinende Kleidung sollte man gar nicht erst mitnehmen, da die Kleiderordnung in den Emiraten und Oman (mit Ausnahme von Dubai) moslemischen Gepflogenheiten entspricht. Männer sollten sich deshalb nicht in kurzen Hosen auf Landgang begeben, Frauen nicht im Minirock oder engem Top. Für den Besuch einer Moschee sollte man stets ein dünnes Baumwolltuch als Kopfbedeckung griffbereit haben.

Das Einschiffen

Zum Einschiffen muss man genügend Zeit mitbringen. Zunächst wird das Gepäck abgegeben und vom Bordpersonal zur Kabine gebracht. Man erhält eine **Schlüsselkarte**, meist eine Chipkarte mit Foto, die auch als Bordausweis fungiert und zum bargeldlosen Bezahlen verwendet wird sowie der Kontrolle beim Landgang dient. Hierzu wird ein Abzug der Kreditkarte gemacht. Beim Betreten des Schiffes macht man auch die erste Bekanntschaft mit dem **Bordfotografen**; seine Fotos kann man später als Reiseerinnerung erwerben. Wenn die **Tischreservierung** nicht schon zu Hause erfolgt ist, geschieht dies bald nach dem Einschiffen; in der Regel bedient man die Gäste in zwei Sitzungen. Oft beginnt die erste Tischzeit um 18 Uhr, die zweite um 20.30 Uhr.

An Bord lassen sich erholsame Tage verbringen, bis eine weitere Attraktion am Horizont auftaucht. Dann heißt es: Bereit machen zum Landgang.

Zu Beginn der Reise werden die Passagiere im Rahmen der sogenannten **Seenot-Rettungsübung** auch mit den Sicherheitsbestimmungen an Bord vertraut gemacht. Dazu versammeln sich die Gäste, bekleidet mit Schwimmwesten, an den Rettungsbooten und werden in die Vorgehensweise im Notfall (»Rettung«) eingewiesen.

Kommunikation an Bord

Es lohnt sich, wenn man sich bereits vor Antritt der Reise über sein Schiff informiert. Hierzu kann man auf Reiseunterlagen, Kataloge und das Internet zurückgreifen. Erstmals an Bord, kann man sich dann leichter orientieren. Überall sichtbar angebrachte Deckpläne tun ihr Übriges, dass man sich schnell zurechtfindet und jede Ecke des Kreuzfahrtschiffes kennenlernen wird. Am besten, man nimmt an der ersten **Informationsveranstaltung** teil, die bald nach Auslaufen des Schiffes in mehreren Sprachen angeboten wird. Per Bordfernsehen, mit Rundschreiben, Durchsagen, Aushängen und Bordzeitungen werden die Passagiere auf Veranstaltungen aufmerksam gemacht, auf weitere Informationsvorträge, die mit den Gepflogenheiten an Bord vertraut machen, auf Freizeit, Sport, Nachtleben und Animationen hinweisen, und auf Vorträge, die den Landgang und Ausflüge vorbereiten. Selbst kleinere Schiffe haben eine Hausdruckerei für das **Tagesprogramm** und ein Aufnahmestudio, das die Gäste unterhält und informiert. Zahlreiche Schiffe beschäftigen Reiseleiter und mit den angesteuerten Ländern bestens vertraute Lektoren, die in abendlichen Multimedia-Präsentationen auf die kommenden Ziele vorbereiten. Wichtig ist auch der Schalter für die **Landausflüge**. Hier kann man weitere Informationen über die Destinationen und Häfen einholen und auch Ausflüge buchen, die etwa aus Sightseeing-Fahrten, Verkostungstouren, Fahrten an besonders schöne Strände oder Aktivtouren bestehen können. Mitunter gibt es am Schalter auch einen Stadtplan der jeweiligen Städte bzw. Landkarten, die man auf den Landgang mitnehmen kann. Gut sortierte **Bordbibliotheken** sind sicherlich weitere anspruchsvolle Möglichkeiten, sich individuell auf das Abenteuer Orient vorzubereiten und die Vorfreude anzuregen.

Das Ausschiffen

Unweigerlich geht die Kreuzfahrt irgendwann ihrem Ende zu, und es heißt Kofferpacken. Zuvor werden eventuell noch nicht beglichene Rechnungen bezahlt, und auch ein Besuch beim Bordfotografen ist eine gute Idee, um abschließend zu schauen, ob man auf einigen der von ihm im Lauf der Reise gemachten Fotos auftaucht, und diese als schöne Erinnerung an unvergessliche Tage zu erwerben.

Das eigentliche Ausschiffen kann wiederum etwas langwierig werden, doch angesichts der zurückliegenden Urlaubstage nehmen dies alle Passagiere mit Gelassenheit und in bester Stimmung hin. Wieder zu Hause, halten nicht zuletzt auch die gelegentlichen Werbebriefe der Reederei (falls Sie hierzu Ihre Zustimmung gegeben haben) die Erinnerung wach und motivieren, bald wieder eine Kreuzfahrt zu buchen und an Bord zu kommen.

🍃 Grüner reisen

Kreuzfahrten sind aus ökologischer Sicht nicht unumstritten: Auf den riesigen Schiffen wird nicht nur überproportional viel Energie für den reinen Passagiertransport verwendet, sondern auch für andere Dinge wie Wasseraufbereitung oder Heizung. Zudem entstehen täglich mehrere Tonnen Müll sowie Abwässer und Emissionen. Doch die Reedereien sind sich ihrer Verantwortung für das Ökosystem Meer durchaus bewusst. Die Entwicklung neuartiger Antriebssysteme, technische Innovationen, z. B. bei der Abwasseraufbereitung, oder das Einsparen und Recyceln von Müll sind bei allen Anbietern selbstverständlich. Die AIDA-Schiffe beispielsweise sind nach der internationalen Umweltnorm ISO14001 zertifiziert, und der italienische Anbieter Costa Cruciere arbeitet mit dem WWF Italien zusammen, um maritime Ökoregionen im Mittelmeer zu erhalten.

Während einer Kreuzfahrt entlang der Arabischen Halbinsel bieten sich Ihnen einige Möglichkeiten, sich an Land umweltbewusst zu verhalten und Menschen zu unterstützen, denen ein verantwortungsvoller Umgang mit der Natur am Herzen liegt, beispielsweise durch den Besuch von Restaurants, die (Bio-)Produkte aus der Region verwenden, oder dem Einkauf in kleinen Läden, die traditionelle Produkte fertigen.

🍃 Grüne Empfehlungen sind durch dieses Symbol gekennzeichnet.

Essen und Trinken

Arabische Speisen sind vielfältig, wohlschmeckend und bekömmlich. Ein Feuerwerk an Gewürzen verleiht den Gerichten ihre unverwechselbare Note.

◄ Arabischem Gebäck (► S. 22), kunstvoll angerichtet und mit Rosenwasser beträufelt, ist kaum zu widerstehen.

Araber lieben Brot. In früheren Zeiten benutzte man das frisch aus dem Holzofen stammende Fladenbrot sozusagen als Ersatz für die Gabel, und noch heute darf Brot bei keiner Mahlzeit fehlen. Kleine Stückchen werden abgebrochen, in die Speisen getaucht und dann zum Mund geführt. Traditionell kneteten Frauen den Brotteig in flachen Schüsseln und formten daraus Fladen. Diese wurden in die aus Lehm gebauten und mit Reisig beheizten Backöfen des Dorfes gebracht. Frisch aus dem Ofen sind die hoch aufgewölbten Fladenbrote, deren Ober- und Unterseite sich leicht voneinander trennen lassen, eine Delikatesse. Gern füllt man die Fladen auch mit Fleischstückchen, Salat und Joghurtsauce – das »Shawarma« genannte Gericht ist sozusagen der Hamburger des Mittleren Ostens. Die linke Hand bleibt beim Essen (in einfachen arabischen Restaurants) übrigens tabu (und unter dem Tisch).

Ein Kosmos an Gewürzen

Unverzichtbar für die arabische Küche ist die Vielfalt der Gewürze: Aus Indien und Ostafrika brachten die seefahrenden Omanis schon vor Jahrhunderten exotische Gewürze mit: Schwarzer Pfeffer, Piment, Zimt, Muskatnuss, Kardamom, Kurkuma (Gelbwurz), Kreuzkümmel oder getrocknete Limonen gehören in jede Speise. Gern kreiert man seine eigenen Gewürzmischungen, die in einem Glas aufbewahrt werden und beim Zubereiten der Speisen zum Einsatz kommen.

Vor dem Ölboom kannte man in den Emiraten eine eher einfache **beduinische Küche**, die persische und indische Einflüsse zeigte. Kamelmilch und Datteln waren unverzichtbare Bestandteile der Mahlzeiten. Fleisch gehörte zu den Festtagen vorbehaltenen Mahlzeiten, sodass man viele vegetarische Gerichte kannte und schätzte. Wenn heute von **arabischer Küche** die Rede ist, dann ist zumeist die libanesische gemeint – eine Landesküche, die zudem französisch beeinflusst ist und Europäern besonders gut schmeckt.

Kalorienreich, aber köstlich

Aus dem Libanon stammen die mittlerweile überall in den arabischen Ländern verbreiteten, »Mezzeh« genannten Vorspeisen, zu denen stets sauer eingelegtes Gemüse (Paprika, Oliven, Zwiebeln und Blumenkohl) gehört. Eine üppige Spezialität ist »Hoummus«, ein Kichererbsenpüree, das mit Sesamöl, Zitronensaft und Gewürzen verrührt wird und das unnachahmlich gut schmeckt. »Moutabel« wiederum heißt das aus gegrillten Auberginen zubereitete und mit Sesamöl und Knoblauch angereicherte Püree. Vitaminreich ist »Tabouleh«, eine Mischung aus Weizenschrot, Petersilie und klein geschnittenen Zwiebel- und Tomatenstückchen. »Foul Medames« wird ein warm serviertes Gericht aus weißen Bohnen genannt, die in würziger Tomatensauce gekocht werden.

Fisch und Dessert

In den von Meer umgebenen Ländern entwickelte sich eine vielfältige und abwechslungsreiche Fischküche. Bekannt sind die vielen Arten, Fisch zu würzen und zu marinieren.

Neben gegrillten Fischfilets schätzt man besonders auch Fischcurrys sowie mit Gemüse und Nüssen gefüllten Fisch. Während Schweinefleisch aus religiösen Gründen tabu ist und Rindfleisch nur selten auf den Tisch kommt, mag man Lamm und Huhn, die gerne in würzigen Gemüsesaucen zubereitet werden.

Üppig, aber köstlich: »Hoummus« (▶ S. 21), aus Kichererbsen zubereitet.

Arabische Desserts sind legendär, was ihren Geschmack und ihre Süße angeht. Honig, Rosenwasser, Sirup, Nüsse und Pistazien sind Zutaten, die stets und unbedingt dazugehören. An den köstlichen englischen Brotpudding, der warm serviert wird, erinnert eine »Umm Ali« (Alis Mutter) genannte Mehlspeise, die ebenfalls aus Brot oder Blätterteig besteht und zusätzlich zur europäischen Variante reichlich mit Rosenwasser parfümiert wird.

Indische Gerichte

Weit verbreitet sind indische und pakistanische Restaurants, eine hervorragende Gelegenheit, diese Landesküchen authentisch kennenzulernen. Indisch essen kann man in teuren Restaurants wie in einfachen, von asiatischen Gastarbeitern besuchten Lokalen. Selbst dort, wo es auf den ersten Blick sehr einfach aussieht, ist es hygienisch unbedenklich und das Essen stets köstlich, da die Betreiber auf Stammkundschaft angewiesen sind und solche Gäste haben, die auch tatsächlich die Qualität der Currys beurteilen können. In einfachen Lokalen ist es allerdings stets ratsam, vegetarisch zu essen, zumal die Speisekarten immer eine große Vielfalt an Gemüsegerichten verzeichnen.

Küchen der Welt

In Dubai und Abu Dhabi finden Gourmets ihr Paradies: International bekannte **Sterneköche** (wie etwa Gordon Ramsay, Michael Caines, Pierre Gagnaire, Heinz Beck, Marco Pierre White, Alexandre Pernetta und Giorgio Locatelli) kreieren außergewöhnliche Speisenfolgen in erlesen dekorierter Umgebung. Genuss muss aber keineswegs hochpreisig sein. Für ein mittleres Preisniveau kann man sich den Spaß erlauben, die Landesküchen der Welt zu kosten.

Spektakulär und aufsehenerregend ist mitunter auch das Ambiente der Restaurants, sei es, dass man auf einem ins Meer hinausreichenden Pier speist, in einem Drehrestaurant im 22. Stockwerk hoch über der Stadt, unter Wasser neben einem Aquarium mit bunten Fischen oder mit Blick auf eine alpine Skilandschaft.

Speziell in Dubai liebt man das Credo »Nichts ist unmöglich«.

Opulente, aufwendig dekorierte Angelegenheiten sind die in den Vier- und Fünf-Sterne-Hotels veranstalteten kulinarischen **Themenbuffets**. Besonders beliebt sind auch die »Poseidon's Kingdom« genannten Buffets, bei denen Fisch und Meeresfrüchte in ungezählten Variationen serviert werden.

Eine nicht mehr wegzudenkende kulinarische Institution ist der von Einheimischen und europäischen Expatriates gleichermaßen geschätzte »Friday Brunch« der am Freitagmittag, dem arabischen Sonntag, dazu veranlasst, sich mit Freunden oder der ganzen Familie im (Hotel-)Restaurant zu treffen und sich am reichhaltigen Buffet zu bedienen und ausgiebig zu tafeln.

Aus der Quelle

In einigen arabischen Ländern ist den Einheimischen der Konsum von **Alkohol** aus religiösen Gründen untersagt. In Dubai, Abu Dhabi und Bahrain verfügen jedoch die meisten Hotel- und gehobenen Restaurants über eine Ausschanklizenz für Alkohol, in Qatar ist der Genuss nur in ausgewählten Fünf-Sterne-Hotels erlaubt. Ein vom Emir verhängtes Alkoholverbot besteht im Emirat Sharjah. Als Aperitif zu empfehlen sind hier stattdessen »Mocktails«, die alkoholfreie Version eines Cocktails, exotische Mischungen frisch gepresster Säfte, mit zerstoßenem Eis und mitunter mit Sirup aromatisierter Getränke.

Beliebteste Getränke bei den Einheimischen sind arabischer schwarzer Tee (»Chai«) und Kaffee, mitunter mit Kardamom gewürzt. Die Araber

MERIAN Tipp

LOCAL HOUSE, DUBAI ▶ S. 144, B 2

Das Restaurant Local House Coffee Shop & Restaurant serviert vorwiegend genuine emiratische Küche. In verschiedenen Räumen oder im Patio sitzt man »arabisch« (auf Kissen oder Teppichen am Boden) oder an Tischen und genießt lokale Spezialitäten. Als erstes Restaurant der Emirate schuf das Local House 2010 den »Camel Burger«, cholesterin- und (fast) fettfrei. Guten Appetit!

Dubai, Bur Dubai, Bastakiya, Al-Fahidi Street (gegenüber Musalla Post Office), House No.51 • Tel. 04/ 354 07 05 • www.localhousedubai. com • Sa–Do 10–22, Fr 13–23 Uhr • €€€

wissen aus Erfahrung, dass es für den Körper bei großer Hitze besser ist, lauwarmen Pfefferminztee oder wenig gekühltes Wasser zu trinken als mit Eiswürfeln versetzte süße Softgetränke.

Angesichts der beträchtlichen Sonneneinstrahlung gehört zu jedem Essen eine große Flasche Wasser. Am preisgünstigsten ist »local water«, Trinkwasser aus der Region, das ein besonders köstliches Trinkvergnügen darstellt, wenn es aus einer der hiesigen Quellen stammt und leicht gekühlt serviert wird.

Empfehlenswerte Restaurants finden Sie bei den Orten im Kapitel ▶ **Unterwegs in den Emiraten und Oman.**

Preise für ein dreigängiges Menü:

€€€€ ab 40 € €€€ ab 30 € €€ ab 20 € € bis 10 €

Einkaufen

Für kunstvollen Silberschmuck sind die Souks in Oman bekannt, Designerlabels gibt es in Dubai und Abu Dhabi: Die Shoppingvielfalt macht einen besonderen Reiz der Reise aus.

◄ Ein Besuch auf dem Spice Souk, dem Gewürzmarkt, in Dubai (▶ S. 43) ist ein Erlebnis für die Sinne.

Auf einer Kreuzfahrt bietet sich den Passagieren die Gelegenheit, in kurzer Zeit zu vielen unterschiedlichen Orten zu gelangen und dort der ganzen Fülle an lokalen Einkaufsmöglichkeiten zu begegnen. Schokolade aus Kamelmilch ist ein originelles, leider bei Wärme nicht besonders haltbares Souvenir.

Wunderbare Welt der Souks

Ein Muss für alle, die die Emirate und Oman bereisen, ist der Besuch der lokalen **Souks**, jener typisch arabischen Ladengassen, in denen die gleichen Waren von Dutzenden von nebeneinanderliegenden Händlern angeboten werden. In den traditionellen Souks, wie man sie in ihrer schönsten Variante in Mutrah (Oman), Doha (Qatar) und Muharraq (Bahrain) kennenlernen kann, ist es vor allem die orientalische Atmosphäre, die begeistert.
Eine Fundgrube traditionellen nomadischen **Silberschmucks** sind die Souks in Oman. Neben Ketten mit Anhängern – kunstvoll ziselierte Behälter zur Aufbewahrung von Koransuren, bestehend aus kalligrafischen Schriftzeichen –, die mit Türkisen und Halbedelsteinen besetzt sind, Armreifen und schweren silbernen Gürteln ist ein schönes Mitbringsel ein Khanjar, der traditionsreiche Krummdolch aus Oman.

Einkaufstempel des 21. Jahrhunderts

Dubai besitzt nicht nur die meisten **Shoppingmalls** (fast 50 an der Zahl), sondern mit der Dubai Mall

auch die zweitgrößte der Welt, eine auch in architektonischer Hinsicht spektakuläre Adresse. Die ersten Malls entstanden in den 70er-Jahren des vergangenen Jahrhunderts, u. a. auch mit dem Ziel, dass die Einkaufenden in den Sommermonaten in klimatisierter Umgebung von Geschäft zu Geschäft schlendern können, ohne der sengenden Sonne ausgesetzt zu sein.
Heute findet man meist Hunderte von Boutiquen in einer Mall vereint, neben internationaler Designerware (Ralph Lauren, Donna Karan, Gucci, Boss etc.) gibt es vorzügliche Schuhläden (Timberland, Tod's etc.), Geschäfte für Elektronikzubehör und Elektronikwaren, Parfümerien, die alle erdenklichen Düfte vorhalten, und Juweliergeschäfte mit einer großen Auswahl an Preziosen.
Shoppingmalls sind für die einheimische Bevölkerung längst nicht nur Orte zum Einkaufen, sondern vielmehr Zentren des gesellschaftlichen Lebens, wo man sich trifft und vergnügt. Hier besucht man die zahlreichen Cafés und Restaurants, die über die Mall verteilt sind oder den Food Court umgeben, und genießt die angebotenen Unterhaltungsmöglichkeiten wie etwa Eislauf oder den Besuch eines Kinos. Dubai hat es auch hier wieder auf die Spitze getrieben: Die Mall of the Emirates ist berühmt für eine angeschlossene Indoor-Skiarena, und in der Dubai Mall befindet sich das gewaltige, über mehrere Stockwerke reichende Dubai Aquarium.

Empfehlenswerte Geschäfte und Souks finden Sie bei den Orten im Kapitel ▶ **Unterwegs in den Emiraten und Oman.**

Kamele und Kamelrennen

Die faszinierend genügsamen Wüstentiere, heutzutage eher Prestigeobjekte als Nutztiere, erreichen auf der Rennbahn erstaunlich hohe Geschwindigkeiten.

Selbstverständlich liebt man in der Region die grazilen Araberpferde, deren Besitz für die Herrscher selbstverständlich ist und die auch erfolgreich gezüchtet werden. Der berühmte Dubai World Cup ist beispielsweise das höchstdotierte Rennen der Welt. Daneben gibt es aber nach wie vor die tief verwurzelte Liebe zu Kamelen. Araber wissen, dass vor der Entdeckung des Erdöls, das erst den immensen Reichtum brachte und den Wohlstand sicherstellte, das Leben und Überleben in der Wüste nur durch die genügsamen Kamele überhaupt möglich war. Kamele galten als unentbehrliche Familienmitglieder für die Bedui-

nen, ihre Verehrung zeigte sich in eigens den Tieren gewidmeten Gedichten und Liedern. An die hundert unterschiedliche, auch poetische Bezeichnungen kennen Araber für die Tiere – auch hierin zeigt sich die enorme Verehrung.

Perfekte Anpassung

Das zur Familie der einhöckrigen Dromedare gehörende Kamel kann selbst in den heißesten Sommermonaten, wenn die Temperatur auf über 40 Grad ansteigen, schwere Lasten bis zu 50 km weit tragen. Indem es seine Körpertemperatur ansteigen lässt (auf bis zu 42 Grad), schwitzt das Tier kaum und kann

◀ Einst Lasttiere und Milchspender, heute gefeierte Stars bei Turnieren.

dadurch mit nur sehr wenig Wasser auskommen. Im Allgemeinen braucht ein Tier nur alle fünf Tage Wasser, dann aber trinkt es bis zu 200 Liter in kürzester Zeit. Selbst die gefürchteten Sandstürme machen den Kamelen kaum etwas aus: Dichte, lange Wimpern halten den Sand davon ab, in die Augen zu gelangen, ein spezieller Tränenfluss schützt die Augen vor eindringenden Sandkörnern.

Fettablagerungen in den Höckern lassen die Dromedare viele Tage ohne Nahrung auskommen, durch seine tellerförmig ausgebreiteten Fußballen sinkt das Tier außerdem nicht in den Wüstensand ein. Selbst die Nasenmembran der Tiere ist für das Leben in dieser Region optimal ausgerüstet: Diese können die gesamte Feuchtigkeit der eingeatmeten Luft im Körper halten und diese zur benötigten Kühlung von Blut und Gehirn nutzen.

Prestigeobjekt Kamel

Aufgrund von ausgegrabenen und zeitlich datierten Kamelknochen gehen Archäologen davon aus, dass bereits um 1500 v. Chr. die ersten frei lebenden Tiere in der Region verbreitet waren: eine lange, fruchtbare und sehr enge gemeinsame Geschichte zwischen Mensch und Tier. Dieses über Jahrtausende geknüpfte Band ist weitgehend unabhängig von den modernen Entwicklungen dieser Tage und zerreißt selbst im 21. Jh. nicht. Trotz westlicher Statussymbole wie Ferraris – die Liebe zu Kamelen lebt in der arabischen Welt fort. Mittlerweile werden die Tiere

nicht mehr nur für wirtschaftliche Zwecke gehalten und gezüchtet, sondern auch aus Prestigegründen.

Im Sauseschritt durch den Sand

Kamelrennen sind in Qatar und den Vereinigten Arabischen Emiraten eine nationale Leidenschaft. Bei professionellen Rennen setzte man noch vor wenigen Jahren Kinderjockeys ein, die ausschließlich aus armen asiatischen Ländern stammten. Diese wurden teilweise unter dubiosen Bedingungen in den Herkunftsländern »aufgekauft« und in den arabischen Ländern wie Sklaven behandelt. Durch internationale Proteste und mithilfe von Menschenrechtsorganisationen ist Kindern und Jugendlichen in den Vereinigten Arabischen Emiraten und Qatar die Teilnahme an Kamelrennen seit 2005 verboten. Stattdessen kommen heute die in der Schweiz entwickelten, 25 kg schweren ferngesteuerten und mit GPS ausgestatteten Roboter zum Einsatz. Nach der Entwicklung des Prototyps sind heute leichtere und weniger anfällige Roboter im Einsatz.

Auf den Rennbahnen der Region wird in den Wintermonaten eifrig trainiert, da zwischen November und März die Rennen ausgetragen werden. Die meist donnerstags und freitags (in den Vereinigten Arabischen Emiraten auch samstags) stattfindenden Veranstaltungen sind stets ein beliebtes und bedeutendes Ereignis für die Bevölkerung. Bei den Rennen in Nad al-Sheba in Dubai sitzen die Herrscher in eigenen Logen des Grandstands, alle anderen nehmen Platz auf den kostenlosen Stahltribünen.

Dubai (▸ S. 31), die Stadt der Superlative, Boomtown, Touristen-
mekka und eines der Kreuzfahrt-Highlights, fasziniert mit seiner
Skyline aus himmelragenden Glitzertürmen.

Unterwegs **in den Emiraten und Oman**

Eine Kreuzfahrt entlang der Arabischen Halbinsel ist eine faszinierende Reise zwischen Vergangenheit und Zukunft.

Vereinigte Arabische Emirate

Sieben Emirate bilden ein ungewöhnliches Land, eine Synthese aus Tradition und höchstem Luxus, der in Dubai und Abu Dhabi, den Metropolen der Superlative, gipfelt.

◄ Wahrzeichen Dubais: das Hotel Burj Al Arab (► MERIAN TopTen, S. 31), eine Sieben-Sterne-Luxus-Unterkunft.

Die Vereinigten Arabischen Emirate, abgekürzt VAE (bzw. UAE für United Arab Emirates), sind Lieblingsziel vieler Kreuzfahrtreisenden auf Orientkurs – Metropolen als Weltwunder mit Superlativen an jeder Ecke, dazwischen Moscheen, die der Hingabe an Allah gewidmet sind. Mit Dubai und Abu Dhabi werden Highlights angesteuert, doch auch die im Westen noch weniger bekannten nördlichen Emirate bieten so manchen Raum für wunderbare Entdeckungen.

Dubai

2,5 Mio. Einwohner

Stadtplan ► S.32/33 und S. 144/145

Dubai ist das bekannteste der sieben Emirate und das faszinierendste obendrein. An Dubai und seiner ungebrochenen Leidenschaft, neue architektonische Highlights zu erfinden, scheiden sich aber auch die Geister. Die Stadt, in der sich alles um den schönen Schein, um Shopping und Konsum dreht, muss man aber gesehen haben, schon um selbst einen Eindruck zu gewinnen und mitreden zu können. Neben spektakulären Bauprojekten, wie den noch vom Mond aus sichtbaren künstlichen Palmeninseln, fasziniert Dubai durch seine Multikulturalität. Hier leben Menschen aus über 100 Nationen, die Restaurant- und Kulturszene ist entsprechend aufregend und vielfältig. Und trotz allen Fortschritts und allen Hypes: Am Creek, dem die Stadt durchziehenden Meeresarm, verströmt Dubai nach wie vor unverfälschtes arabisches Flair.

HAFEN

Bereits im Jahr 2001 nahm das Kreuzfahrtterminal in Port Rashid seinen Betrieb mit einem über 300 m langen Pier auf; das Terminal kann vier Kreuzfahrtschiffe gleichzeitig versorgen. Von dort aus fährt man am besten mit dem Taxi (diese sind in Dubai recht günstig und verfügen über Taxameter) zum Creek, dem geschäftigen Zentrum der Metropole, und startet eine erste Besichtigung zu Fuß. Ein Touristeninformationsbüro bietet Hilfe, und kostenlose Shuttlebusse fahren stündlich zu den Shoppingmalls Mercato Mall und City Centre.
www.dubaicruiseterminal.com

 ## FotoTipp

SYMBOL UND WAHRZEICHEN

Ein Erinnerungsfoto von Ihnen am Strand und Dubais Hotel-Ikone im Hintergrund? Den vermutlich besten Blick auf das Wahrzeichen von Dubai, das Hotel Burj Al Arab, haben Sie vom Jumeirah Public Beach nordwestlich des Hotels. ► S. 31

SEHENSWERTES

⭐ **Burj Al Arab** ► S. 33, d 2

Das auf einer eigens geschaffenen künstlichen Insel vor dem Jumeirah Beach 321 m in die Höhe ragende Hotel ist seit seiner Eröffnung im Jahre 2000 eine Ikone, die für Dubais Aufstieg vom kleinen Handelshafen zur futuristischen Glamourmetropole steht. Weltweit kennt man heute das an ein geblähtes Segel erinnernde Bauwerk mit dem Hubschrauberlandeplatz hoch oben, auf dem sich die Gäste nur zu gerne absetzen lassen. Bereits die 180 m hohe Lobby ist mit ihrer gestalterischen Opulenz, die an Gianni Versace und Philippe Starck denken lässt, den in die Höhe schießenden Wasserfontänen, den mit Blattgold verzierten Säulen und den an Bienenwaben erinnernden Balkonen eine faszinierende Erscheinung.

Nicht-Hotelgäste benötigen eine Reservierung in einem der Restaurants, um den Burj Al Arab betreten zu dürfen. Empfehlenswert ist ein Besuch der Skyview Bar im 27. Stockwerk, von wo aus man einen fantastischen Panoramablick genießt. Ungewöhnlich erbaut und von einem Aquarium umgeben ist das Fischrestaurant Al-Mahara, das zu den besten Dubais gehört.

Jumeirah Beach Road • Metro: First Gulf Bank • Tel. 3 01 76 00 • www.burj-al-arab.com

2 Burj Khalifa ▶ S. 33, e 2

Was der Eiffelturm für Paris ist, stellt für Dubai der 828 m hohe Burj Khalifa dar, das höchste Bauwerk der Welt, das weithin sichtbar die Metropole prägt. Eigentlich sollte der nach sechsjähriger Bauzeit 2010 fertiggestellte Turm »Burj Dubai« heißen, wurde jedoch auf dem Höhepunkt der Finanzkrise, die auch Dubai erfasste, als Dank für die Finanzspritze von Abu Dhabi nach Sheikh Khalifa, dem Herrscher von Abu Dhabi und Präsident der VAE, benannt.

Auf über 160 Etagen sind mehr als 1000 Luxusapartments und Büros untergebracht, die zu den prestige-

trächtigsten Dubais gehören. Nobel-boutiquen und das erste von Giorgio Armani entworfene Hotel ziehen wohlhabende Gäste aus aller Welt an. In 442 m Höhe auf der 124. Etage und in 555 m Höhe auf der 148. Etage liegen »At the Top« und »At the Top Sky«, einzigartige Aussichtster-rassen, von denen aus die umliegen-den Hochhäuser wie Spielzeug aus-sehen. Unmittelbar neben dem Burj Khalifa liegt der künstlich angelegte Dubai Lake, umgeben von Cafés und Restaurants. In kurzen Abstän-den schießen Wasserfontänen in den Himmel, untermalt klassische Musik die sich wie Tänzer hin und her bewegenden Wasserfontänen – ein nettes Spektakel, das in der Dunkel-heit noch durch eine eindrucksvolle Lichtinszenierung gesteigert wird.

Financial Centre Road (ab Sheikh Zayed Road, 1st Interchange) • Metro: Dubai Mall/Burj Khalifa • Eintritts-karten im Ticket Office im Erdge-schoss der Dubai Mall, sofortiger Einlass 300 Dh, reservierter Einlass (für eine festgelegte Besichtigungs-zeit) 125 Dh (Kinder 95 Dh), ab 16 Uhr 200 Dh (Kinder 160 Dh), »At the Top Sky« bis 18 Uhr 500, ab 19 Uhr 350 Dh.

Dubai Aquarium ▶ S. 33, e 2

Selbst wenn es um Fische geht, greift das Emirat zu Superlativen: Durch ein 32 m breites und 8 m hohes Fens-ter, das Viewing Panel, blickt man in Unterwasserwelten, wie man diese nirgendwo in Aquarien sieht. Meterlange Rochen schweben mit ruhigem Flügelschlag vorbei an

den Korallenformationen, tropische Fischschwärme erfreuen jeden Betrachter. Kritik wurde allerdings laut angesichts eines gefangenen Walhaies sowie der großen Anzahl von Fischen (etwa 30 000 Tiere), die die Becken bevölkern. Angestellte Taucher reinigen täglich die Scheiben und kontrollieren die Futterstellen. Dubai Mall, Sheikh Zayed Road • Metro: Dubai Mall/Burj Khalifa • www.thedubaiaquarium.com • So–Mi 10–23, Do–Sa 10–24 Uhr • Eintritt Tunnel und Underwater Zoo 120 Dh

Dubai Butterfly Garden ▶ S. 33, d 2
In drei großen und tropisch gestalteten Hallen fliegen Papageien und Schmetterlinge aus der ganzen Welt umher. Besonders Familien mit Kindern, darunter auch viele aus Asien, genießen den Anblick der Tiere aus nächster Nähe. In einem Museum erfährt man allerlei Wissenswertes über Lebensraum und Verbreitung. Zu beachten: Die Insekten dürfen nicht berührt werden, da ansonsten die hauchzarten Flügel beschädigt werden und die Tiere leiden.
Al Qudra Road (D63), Al Barsha South 3, Dubailand (neben Miracle Garden) • www.dubaibutterfly garden. com • tgl. 9–18 Uhr • Eintritt 50 Dh

Dubai Creek ▶ S. 144, B 1–S. 145, F 4
Ein sich kilometerweit in die Stadt ziehender Meeresarm ist Lebensader und geschäftiges Zentrum Dubais. Altertümlich aussehende Lastschiffe – Dhaus (engl. »dhow«) –, schwer beladen und mit Seeleuten aus Asien und Afrika an Bord, liegen zum Entladen an der Kaimauer. Den Creek überquert man für nur einen Dirham mit hölzernen »Abras«, Wassertaxis, die immer dann losfahren, wenn das Boot mit Passagieren

An Bord einer »Abra«, eines traditionellen hölzernen Wassertaxis, lässt sich der Dubai Creek (▶ S. 34) überqueren und die Skyline Dubais bestaunen.

voll besetzt ist. Abras verkehren zwischen der Al-Khor Corniche, der in Deira am Creek entlangführenden Promenade, und der gegenüber liegenden Bur-Dubai-Seite. Eine Alternative zur zehnminütigen Abra-Fahrt ist eine längere Tour entlang der Ufer des Creeks. Für eine einstündige Fahrt, auf der man einziger Fahrgast ist und die von der Mündung des Creek bis zur Schwimmbrücke (Floating Bridge) nahe der Al-Maktoum-Brücke führt, kann man 100 Dirham veranschlagen, ein Preis, den man vor Antritt der Fahrt vereinbaren sollte.

Dubai Marina ▸ S. 32, c 2

Die Kulisse weckt Vergleiche zu Manhattan: Etwa 200 Hochhäuser und Wolkenkratzer von auffallender architektonischer Gestaltung ragen in die Höhe, spiegeln sich im Wasser der etwa 4 km langen Marina. Diese wurde durch die Erweiterung einer Meereslagune geschaffen. Eine Promenade führt vorbei an Jachten, Boutiquen und Cafés. Schönste Adresse ist der Dubai Marina Yacht Club, auf dessen Terrasse über der Marina man sich auf das Deck eines Schiffes versetzt fühlt. Hier sollten Sie eine Erfrischung nehmen und die maritime Atmosphäre genießen.
Metro: Damac • www.dubai marinayachtclub.com

Dubai Miracle Garden ▸ S. 33, d 2

Walt Disney im Blumenrausch: Auf dem über 7 ha großen Gelände sieht man ein Blumenmeer (über 45 Millionen Blumen wurden gepflanzt), gruppiert zu Formen und Bildern, Häusern und Gebäuden – nicht nur für Gartenliebhaber einen Abstecher wert. Der Besuch lässt sich gut mit

dem nebenan liegenden Butterfly Garden verbinden.
Al Qudra Road (D63), Al Barsha South 3, Dubailand • www.dubai miraclegarden.com • derzeit geschl. zur Vorbereitung der nächsten Saison, sonst Sa–Mi 9–21, Do, Fr 9–23 Uhr • Eintritt 30 Dh

MERIAN Tipp

JUMEIRAH MOSQUE ▸ S. 33, e 1

Honigfarben leuchtet der Kalksandstein der mit zwei Minaretten, Säulen, Intarsien und Kuppeln verzierten Jumeirah Mosque. Dubais schönste Moschee ist zudem die einzige, die auch Nicht-Moslems betreten dürfen. Regelmäßig angebotene Führungen erklären, worauf es in einer Moschee ankommt und wie sich die Gläubigen hier verhalten. Man findet sich bis 9.45 Uhr vor der Moschee ein, lässt sich registrieren, und um 10 Uhr startet die 75-minütige Führung.
Dubai, Jumeirah Road • Metro: Trade Centre • www.cultures.ae • Führungen Sa–Do 10 Uhr • Eintritt 20 Dh

Gold Souk ▸ S. 144, C 1

Hier ist alles Gold, was glänzt: Etwa 300 Juweliergeschäfte liegen zu beiden Seiten der überdachten Fußgängerzone, die als »City of Gold« einen der weltweit größten Goldsouks bilden. Der Kaufpreis für Ketten, Armbänder und Ringe richtet sich gewöhnlich nach Gewicht und ist abhängig vom aktuellen Tagespreis pro Feinunze (32 g). Dieser ist in Dubai nicht viel niedriger als anderswo, jedoch sichern die Verarbeitungskosten günstige

Schmuckpreise. Jedoch entspricht der ausgestellte Schmuck meist eher einem orientalisch opulenten Geschmack, wie sich auch an den Kundinnen feststellen lässt. In den Abendstunden trifft man vermehrt auf verhüllte Araberinnen, die im Gefolge von Ehemann, Kindern und Nanny ihre Einkäufe tätigen.
Deira, Sikkat al-Khail • Metro: Baniyas Square

JBR Walk ▶ S. 33, d 2
Auf dieser Flaniermeile, die beim Ritz-Carlton-Hotel beginnt und entlang der Jumeirah Beach Residence (JBR) führt, verbreitet Dubai mediterranes Flair. In der Metropole, in der man nur an wenigen Stellen entspannt und ohne von Autos belästigt zu werden spazieren kann, lockt die von Palmen, Bougainvillea, Straßencafés und schicken Boutiquen geprägte Straße. Von den im ersten Stock geöffneten Terrassen der Restaurants blickt man auf das Meer und den Jumeirah Beach – ein durch und durch geruhsamer Ort.
Jumeirah Beach Residence • Metro: Damac

3 The Palm Jumeirah ▶ S. 32, c 1/2
Die erste bereits fertiggestellte von Dubais vier geplanten künstlichen Inseln ist in Form einer gigantischen Palme gestaltet: Der Stamm, von dem 16 Palmwedel abgehen, ragt über 4 km weit ins Meer. Am Scheitelpunkt thront der Palast des Hotels Atlantis, ein gewaltiges Themenhotel, mit dem angeschlossenen, 17 ha großen Wasserpark Aquaventure. Nicht-Hotelgästen zugänglich sind die im Stile des sagenumwobenen Atlantis gestalteten Aquarien, The Lost Chambers genannt.

Eine vorzügliche Sicht auf die Apartments und die Millionen Euro teuren Villen, die auf kleinen Grundstücken dicht gedrängt auf den Palmwedeln stehen und über direkten Zugang zum Wasser und dem künstlich aufgeschütteten Strand verfügen, genießt man auf einer Fahrt mit der Hochbahn (Monorail), die zwischen Jumeirah Road (Gateway Station) und dem Hotel Atlantis verkehrt.
Jumeirah Road • Metro: Nakheel

Ras al-Khor Wildlife Sanctuary
▶ S. 33, e 2
Dubai wird alljährlich in den Wintermonaten die Heimat von Zigtausenden von Zugvögeln. In einem 350 ha großen Schutzgebiet am Meeresarm (Creek) haben Sie von drei Aussichtspunkten einen hervorragenden Überblick auf das Geschehen und lernen die mitunter schrille und laute Metropole von einer eher ungewohnten Seite kennen: als Naturparadies.
Ras al-Khor (Ende des Creek) • Metro: Creek • Sa–Do 9–16 Uhr • Eintritt frei

Ski Dubai ▶ S. 33, d 2
Mit Schlepplift oder Gondel gelangen die in (geliehene) Skianzüge gekleideten Gäste zu den bis zu 400 m langen Abfahrten und auf die fünf gut präparierten Pisten. Dubais Indoor-Skiarena, angeschlossen an die Mall of the Emirates, vermittelt den im Emirat lebenden Menschen einen Hauch Alpenwelt mit perfekt imitierter Winterlandschaft. Wer nicht selbst auf die Bretter steigen will, kann durch die Fenster der Cafés in der Shoppingmall einen Blick auf die Winterszene erhaschen. Das Hotel Kempinski nebenan bietet von sei-

Auf den 16 »Palmwedeln« der künstlich geschaffenen Insel The Palm Jumeirah (▶ S. 36) reihen sich millionenschwere Villen nah aneinander.

nem Restaurant und Café aus ebenfalls gelungene Einblicke.
Sheikh Zayed Road, 4th Interchange • Metro: Mall of the Emirates • www.theplaymania.com/skidubai • So–Mi 10–23, Do bis 24, Fr 9–24, Sa 9–23 Uhr • Eintritt 2 Std. 260 Dh, ganztags 310 Dh, jeweils inkl. Skiausrüstung

MUSEEN
Al-Ahmadiya School ▶ S. 144, B 2
Die erste Schule Dubais wurde im Jahr 1912 eröffnet: Es handelte sich um eine Koranschule ausschließlich für Jungen. Nach der Schließung der Einrichtung und mit den Jahren völlig verfallen, wurde das Bauwerk restauriert und zeigt Besuchern heute, in welchen Räumen und an welchen Tischen die einstigen Herrscher des Emirats und ihre Söhne noch in den 1950er-Jahren die Schulbank drückten – ein durchaus interessanter Blick in das Alltagsleben von einst.
Deira, Al-Ras Street • Metro: Al-Ras • Sa–Do 8–19, Fr 14.30–19 Uhr • Eintritt frei

Dubai Museum ▸ S. 144, C 2

Das historische Fort Al-Fahidi wurde 1878 zum Schutz vor Angreifern als quadratische Festung erbaut und mit einer Lehmmauer umgeben. Nach einer umfassenden Restaurierung eröffnete 1996 im Untergeschoss des Bauwerks Dubais Hauptmuseum mit einer unterhaltsamen und spannenden Ausstellung, mit deren Besuch sich in Dubais Vergangenheit eintauchen lässt. Man wird gekonnt in die Welt der arabischen Souks, der Gewerbetreibenden und Koranschulen versetzt. Lebensgroße Puppen, realistisch wirkende Geräuschkulissen und nachgebaute Basargassen vermitteln etwas von der anheimelnden Atmosphäre früherer Jahrhunderte. Multimedia-Shows entführen in die Wüste und auf die Ozeane, zu den Perlfischern und den frühen arabischen Entdeckungsreisenden.

Bur Dubai, Al-Fahidi Street • Metro: Al-Fahidi • Sa–Do 8.30–20, Fr 15–21 Uhr • Eintritt 3 Dh

Heritage & Diving Village
▸ S. 144, B 1

Am Ufer des Creek liegen nebeneinander die beiden Freilichtmuseen, in denen man auf einem gemächlichen Bummel auf altertümliche Ziehbrunnen und Kamele, Soukgassen und Werkstätten sowie alte Dhaus und Kunsthandwerk trifft. Fotoausstellungen zeigen die Entwicklung Dubais zur Megametropole. Die Bauweise der traditionellen, durch Windtürme gekühlten Patio-Häuser wird im Village deutlich. Arabische Frauen demonstrieren die Kunst der Henna-Malerei.

Shindagha Road an der Creek-Mündung der Bur-Dubai-Seite • Metro: Al-Ghubaiba • Sa–Do 8–21, Fr 15–22 Uhr • Eintritt frei

Ski Dubai (▸ S. 36): 22 500 qm schneebedeckte Fläche mit fünf Abfahrten, Schlitten- und Bobbahnen sorgen für winterliches Sportvergnügen unter der Wüstensonne.

Sheikh Saeed Al-Maktoum House
▶ S. 144, B 2

Der historische Windturmpalast an strategisch bedeutsamer Stelle an der Creek-Mündung war einst der Stammsitz des Großvaters von Sheikh Mohammed, dem jetzigen Herrscher. Ausstellungen, gekonnt didaktisch aufbereitet, zeigen das einstige einfache Leben und Dubais Transformation zur Weltstadt.
Bur Dubai, Shindagha • Metro: Al Ghubaiba • Sa–Do 8–20, Fr 15–21 Uhr • Eintritt 3 Dh

STRAND

Jumeirah Beach ▶ S. 33, d 1

Dubais Top-Strand ist der kilometerlange Jumeirah Beach, Adresse einiger der besten und teuersten Hotels des Emirats. Hier sieht man auch das weltberühmte Hotel Burj Al Arab, und vom Royal Mirage, einer orientalischen Traumkulisse am hellen Privatstrand, blickt man auf The Palm Jumeirah. Nicht-Hotelgäste genießen touristische Infrastruktur (Sonnenschirme, Liegen, Toiletten, Cafés und Restaurants). **Jumeirah Public Beach** ist der Hausstrand westlicher Expatriates, feinsandig und mit Infrastruktur (Rettungsschwimmer, Toiletten).
Jumeirah 1, Jumeirah Road • Metro: World Trade Centre • Eintritt frei

Kite Beach ▶ S. 33, d 2

»In« ist der Kite Beach wegen seiner vielen Wassersportmöglichkeiten (u. a. Stand Up Paddling, Kite Surfing, Strandfußball), zwischen Oktober und Mai das Ziel jüngerer, westlicher Dubaier.
Umm Suqeim 1, Jumeirah Road • Metro: Noor Bank • www.thekite beach.com

SPAZIERGANG

Stadtplan ▶ S. 144/145

Auf dem **Creek**, an dem der Spaziergang beginnt, herrscht rund um die Uhr ein enormer Betrieb: Abenteuerlich aussehende arabische Frachtschiffe (Dhaus) aus den Nachbarländern werden entladen, an den Kaimauern stapeln sich die Säcke mit Getreide und Autoreifen – hier zeigt sich Dubai von seiner rustikalen Alltagsseite. Von der Baniyas Road biegen Sie in die Al-Ras Street ein und steuern die **Al-Ahmadiya School** an. Das Museum ist untergebracht in einem der wenigen alten Bauwerke, die in Dubai nicht dem Bauboom und der Zerstörung »alter« Häuser zum Opfer fielen. In den ehemaligen Schulstuben der früheren Koranschule wird mit lebensgroßen Puppen nachgestellt, wie noch vor Jahrzehnten die Söhne Dubais unterrichtet wurden. Zwei Querstraßen weiter gelangen Sie zum **Spice Souk**, dessen würzige Aromen sich schon früh ankündigen. Der daneben liegende **Gold Souk** ist eine eindrucksvolle Ansammlung reich gefüllter Juwelierläden. Nachdem Sie wieder zum Creek zurückgekehrt sind, sollten Sie die Anlegestelle der »Abra«-Wassertaxis ansteuern. Nehmen Sie Platz auf einem der zahlreichen im Wasser liegenden Holzboote, die abfahren, sobald sich etwa 20 Passagiere eingefunden haben (dies dauert meist nicht länger als zwei Minuten). Vor Betreten des Bootes muss man sicherstellen, dass man auch Kleingeld (höchstens 10 Dh) dabeihat, da die Fahrt nur 1 Dh kostet und der Betrag zügig eingesammelt wird. Mit lautem Tuckern des Dieselmotors setzt sich die »Abra« in Bewegung, und Sie ge-

langen von der Deira- auf die Bur-Dubai-Seite. Das dortige **Bastaki-ya-Viertel** besticht durch seine Ansammlung alter, sorgfältig restaurierter Windturmhäuser, in denen Cafés, Geschäfte und auch Hotels untergebracht sind. Auf einem eng umgrenzten Gebiet können Sie nicht nur das im **Al-Fahidi-Fort** untergebrachte Museum, sondern auch weitere schöne Kaufmannspaläste besichtigen oder in einem der Cafés einkehren.
Dauer: 1,5 Std.

ESSEN UND TRINKEN

Dubai ist ein Paradies, wenn es darum geht, die Küchen der Welt zu probieren. Die besten und teuersten Restaurants sind angesiedelt in den Luxushotels. Kleine, vorzügliche indische und pakistanische Restaurants, in denen man für wenig Geld authentische asiatische Küche genießt, finden sich hauptsächlich in den alten Stadtteilen von Deira und Bur Dubai.

In Bastakiya, dem durch historische Windturmhäuser und alte Stadtpaläste geprägten Viertel von Bur Dubai (besonders schön mit einer »Abra« zu erreichen), findet man einige stimmungsvolle Restaurants mit arabisch-libanesischer Küche. Am Creek-Ufer von Shindagha, ganz in der Nähe des Heritage & Diving Village (▶ S. 38), gibt es eine Reihe von Fischrestaurants und Cafés, in denen die Gäste im Freien sitzen, auf den Creek schauen und als Dessert eine Wasserpfeife (Shisha) rauchen.

Plaj ▶ S. 32, c 1
Ein Hauch Karibik • Unter Palmen direkt am weißen Strand ordert man leichte italienische Gerichte (Pasta,

gegrillten Fisch oder ein Sandwich), die Cocktails sind legendär, und nach Sonnenuntergang wird es beim Kerzenlicht so romantisch, dass man kaum noch weg will.
Hotel Jumeirah Sabeel Saray, Crescent Road, The Palm Jumeirah • Metro: Nakheel • Tel. 4 53 04 44 • www.jumeirah.com • tgl. 11–23 Uhr • €€€€

Sea Fu ▶ S. 33, e 1
Gehobener Beach-Style • Ob Sie in den opulenten Lounge-Sesseln vor der offenen Feuerstelle auf den Arabischen Golf schauen oder köstliche asiatische Spezialitäten (Tempura King Crab, Suzuki Sea Bass) genießen: Beides schafft Erinnerungen, die schwer zu überbieten sind. Neben asiatisch inspirierten Canapés (schon optisch ein absoluter Genuss) und Sushi der Spitzenklasse gibt es auch Ente und Spare Ribs.
Hotel Four Seasons at Jumeirah, Jumeirah Road • Metro: Business Bay • Tel. 2 70 77 77 • www.seafu dubai.com • tgl. 12.30–23 Uhr • €€€€

Al-Dawaar ▶ S. 144, C 1
Mit Drehung • Ein Klassiker der Restaurantszene ist seit mehr als drei Jahrzehnten das Drehrestaurant auf dem Dach des Hyatt-Regency-Hotels. Zeit sollte man mitbringen, während man sich vom Buffet bedient, denn um ganz herumzukommen, d. h., um eine komplette 360-Grad-Drehung zu vollführen, braucht es über 90 Minuten.
Hyatt Regency, Deira Corniche • Metro: Palm Deira • www.dubai. regency.hyatt.com • Tel. 2 09 68 87 • tgl. 12.30–15.30 und 19–23.30 Uhr • €€€

Dubai ist das »Gelobte Land« für Shoppingfans. Einer der Konsumtempel ist die Mall of the Emirates (▶ S. 43), die kaum jemanden mit leeren Taschen entlässt.

Feast ▶ S. 33, e 2

Top-Angebote und -Küche • Spezialität des Teams sind die an Live Cooking Stations authentisch zubereiteten Gerichte aus Asien, Europa und USA. Neben Fisch- und Meeresfrüchtebuffets (Donnerstag) gibt es auch Aktionen wie Burgerdays (beste Hamburger und Co. mit einem kalten Bier) und »Asian Specials«. Tolle Atmosphäre, nettes, stets aufmerksames Personal.
Hotel Sheraton Grand, 3 Sheikh Zayed Road • Metro: World Trade Centre • Tel. 5 03 44 44 • www.feast restaurantdubai.com • tgl. 6.30–23 Uhr • €€€

Seagrill on 25 ▶ S. 32, c 2

Blick auf Dubais Skyline • Fragen Sie nach einem Tisch auf der Terrasse, damit Sie den Blick auf die Hochhäuser und Wolkenkratzer der gegenüber von Palm Jumeirah lie-

genden Dubai Marina genießen können. Es gibt beste mediterrane Küche, Fisch und Meeresfrüchte. Beliebt auch für einen Drink zum Sonnenuntergang.
Hotel Fairmont The Palm, The Palm Jumeirah • Metro: Nakheel • Tel. 4 57 34 57 • www.fairmont.com • tgl. 12–24 Uhr • €€€

Bastakiyah Nights ▶ S. 144, C 2

Arabisch edel • Messinglampen und über das Restaurant verteilte Kerzen verbreiten eine romantische Atmosphäre, Kunstgegenstände aus Oman und Jemen bereichern das orientalische Flair im traditionsreichen Windturmhaus. Auf den Speisekarten stehen arabische Vorspeisen, würzige Fleisch- und Gemüsegerichte und süße Leckereien.
Bur Dubai, Bastakiya, neben Ruler's Court • Metro: Al-Fahidi • Tel. 3 53 77 72 • tgl. 12–22 Uhr • €€

Bayt al-Wakeel ▸ S. 144, B 2
Nahe am Wasser gebaut • Von der Terrasse am Creek blickt man auf die gegenüberliegenden Hochhäuser und genießt die arabischen Vorspeisen und Salate sowie, umgeben von arabischen und indischen Gästen, die lebhafte Atmosphäre.
Bur Dubai, Bur Dubai Souk • Metro: Al-Ghubaiba • Tel. 3 53 05 30 • tgl. 11–23 Uhr • €€

EINKAUFEN

Dubai Mall ▸ S. 33, e 2
Granit und Marmorintarsien auf dem Boden, Stuck und Lichtkuppeln, Kunst und Springbrunnen: Die 2009 eröffnete Shoppingmall ist die zweitgrößte der Welt und die beeindruckendste unter Dubais gut 50 Malls. 1200 Geschäfte auf über 220 000 qm tragen dazu bei, dass man die Verlockung »do buy«, nämlich einzukaufen, deutlich verspürt

und das Wortspiel der Dubai'in mit dem Namen ihrer Stadt versteht. In der Fashion Avenue bieten 70 hochkarätige Designerboutiquen die aktuellen Kollektionen der Modeschauen aus Paris und bereiten Mode-Verliebten glänzende Augen. Eine Filiale des Pariser Nobelkaufhauses Galeries Lafayette ist ebenso vertreten wie Bio-Läden, in denen es Müsli aus Österreich zu kaufen gibt, und das zur japanischen Kette Kinokinuya gehörende Buchgeschäft ist das größte im arabischen Raum. Die den Gold Souk bildenden Juweliergeschäfte bieten eine exquisite Auswahl an Juwelen und Goldschmuck, der auch westlichen Vorstellungen entspricht. Als weiteres Highlight beherbergt die Mall das Dubai Aquarium (▸ S. 33). Ein weiteres Plus: In der riesigen Mall ist die Orientierung dank eines Farbleitsystems ein wahres Kinderspiel.

Ein typisch arabisches Souvenir? Im Souk Al-Bahar (▸ S. 43), einem modernen, traditionellen Vorbildern nachgebauten Souk, wird man fündig.

Financial Centre Road, ab Sheikh Zayed Road, 1st interchange • Metro: Dubai Mall • www.thedubai mall.com • So–Mi 10–23, Do–Sa bis 24 Uhr

Dubai Outlet Mall ▶ S. 33, südl. e 2
Designermoden aus der letzten Kollektion, unter anderem von Diane von Furstenberg, Marc Jacobs und Burberry, gehören zu den Highlights des Angebots, bei möglichen Nachlässen bis zu 60 % sind durchaus Schnäppchen möglich. Auch Sportbekleidung, Brillen, Elektronik und Parfüms werden vergleichsweise etwas günstiger angeboten. Ein kostenloser Shuttlebus fährt vom Cruise Passenger Terminal zur (leider etwas außerhalb gelegenen) Outlet Mall.
Al Ain Road (E66), 25 km südöstlich von Dubai-Stadt • Tel. 4 23 46 66 • www.dubaioutletmall.com • Sa–Mi 10–22, Do, Fr 10–24 Uhr

The Mall of the Emirates ▶ S. 33, d 2
Die südlich des Zentrums liegende Mall ist durch ihren gewaltigen Ski Dome, eine spektakuläre Indoor-Skiarena, bereits äußerlich auffällig. Zur Mall gehört außerdem das luxuriöse Kempinski-Hotel, eines der besten Stadthotels des Emirats, hier in außergewöhnlicher Aufmachung als alpines Skiresort. So kann man von einigen der Zimmer direkt auf die Winterwelt den Pisten schauen, gibt es in den Cafés heißen Kakao und Blick auf das coole Treiben. Fast 500 Geschäfte, darunter europäische und US-amerikanische Designer, und eine Filiale des Londoner Nobelkaufhauses Harvey Nichols sowie über 70 Restaurants und Cafés vermögen es, die Besucher für einige Zeit zu beschäftigen.

Sheikh Zayed Road, 4th Interchange • Metro: Mall of the Emirates • www.malloftheemirates.com • So–Mi 10–22, Do–Sa 10–24 Uhr

Souk Al-Bahar ▶ S. 37, e 2
Wenn es im Freien zu heiß ist und man dennoch die Atmosphäre orientalischer Soukgassen sucht, dann sind die über 100 kleinen Läden des von Architekten und Designern in arabischer Architektur von Tausendundeiner Nacht gestalteten Souks die richtige Wahl. Die Lage des zweigeschossigen Basars ist vorzüglich: unmittelbar an der Dubai Mall und dem Burj Khalifa, nur Schritte vom Dubai Lake entfernt.
Old Town Island, Sheikh Zayed Road, 1st Interchange • Metro: Dubai Mall/ Burj Khalifa • www.soukalbahar.ae • Sa–Do 10–22, Fr 14–22 Uhr

◼ FotoTipp

DIE RICHTIGE SICHTWEISE

In Downtown Dubai, rund um den Burj Khalifa, hat man immer viele Touristen mit im Bild. Eine gute Sicht verschafft die Brücke über den Burj Khalifa Lake, die von der Dubai Mall zum Souk Al-Bahar führt. ▶ S. 42

Spice Souk ▶ S. 144, C 1
Aus großen Jutesäcken werden Kardamom und Zimtstangen verkauft, es riecht nach Vanille und den Gewürzen Asiens. In Plastikbeuteln abgepackter Safran, Pistazien und Mandeln liegen in den Regalen: Der Besuch in den Gassen des Gewürz-Souks verspricht nicht nur günstige Einkäufe und jede Menge Fotomotive, sondern auch aufregende

Geruchserlebnisse; beliebt sind die diversen orientalischen Duftöle und Baumharze, u. a. Weihrauch. Wenn die Händler, die meist aus Pakistan und Indien stammen, das Interesse der Kunden bemerken, wird man schnell zu einem Glas Tee eingeladen und bekommt das ganze Sortiment an Wohlgerüchen vor sich ausgebreitet, ergänzt durch interessante Informationen.
Deira, Sikkat al-Khail, zwischen Gold Souk und Creek • Metro: Baniyas Square

AM ABEND
Dubai besitzt die schicksten und besten Clubs der Region. Viele davon befinden sich in den Lusushotels der Stadt. Regelmäßig treten Stars der Szene auf und unterhalten die Gäste. »Der« Ausgehtag in Dubai ist der Donnerstag, denn am Freitag beginnt das islamische Wochenende. Beliebt sind die regelmäßig stattfindenen »Ladies Nights«, bei denen Frauen freien Eintritt haben und zum Teil auch in den Genuss eines kostenlosen Getränks kommen. Das Magazin »Time Out Dubai«, überall in Dubai erhältlich, informiert über anstehende Events.

Buddha Bar ▶ S. 32, c 2
Eine gewaltige, golden glänzende Buddha-Statue erinnert daran, dass Eitelkeit und Gier nach Genuss am Anfang des Weges auf der Suche nach Weisheit und Mitgefühl stehen. Eine Superlage innerhalb der Dubai Marina, inspirierende Lounge-Musik, ein internationales, jüngeres und wohlhabendes Publikum, köstliche Fusion-Küche, die Asien und Arabien vereint, machen die Buddha Bar zu dem Treffpunkt der Stadt.

Hotel Grosvenor House, Marina Beach, Dubai Marina • Metro: Damac • www.grosvenorhouse-dubai.com • tgl. 17–2 Uhr

Dawn & Dusk ▶ S. 33, e 2
Nach Shopping oder Büroschluss trifft man sich in der 54. Etage des Hotels Sheraton Grand über den Dächern der berühmten Dubaier Hauptverkehrsader und genießt kosmopolitisches Flair. Das Publikum stammt aus der ganzen Welt, Snacks und Drinks sind köstlich, und natürlich kann man auch eine Shisha bestellen.
Hotel Sheraton Grand, 3 Sheikh Zayed Road • Metro: World Trade Centre • Tel. 5 03 44 44 • www. sheratongranddubai.com • tgl. 21–1 Uhr

Desert Safari & Dinner
Obwohl Dubai rings herum von Wüste umgeben ist, muss man erst die Stadt verlassen, um tatsächlich einen Eindruck von der Größe und Erhabenheit der gewaltigen Sanddünen zu erhalten. Eine organisierte Tour bereichert deshalb jede Dubai-Reise. Der Ablauf der Tour ist stets ähnlich: Nachdem man mit dem Geländewagen die Stadt Richtung Wüste verlassen hat, geht es in rasantem Tempo hinauf auf die über 50 m hohen Sandberge und ebenso schnell auf der anderen Seite wieder hinunter. Wer daran keine Freude hat, wird in gemächlichem Tempo zu einem schönen Aussichtspunkt gebracht, von dem aus man dem Sonnenuntergang folgen kann. Anschließend geht es zu einem im Stil der Beduinen aufgebauten Camp in der Wüste. Man bedient sich vom rustikalen Buffet, sitzt

Mit dem Jeep im Dünenmeer: Als Tourist nimmt man besser an einer Desert Safari
(▶ S. 44) teil und lässt einen wüstenkundigen Fahrer ans Steuer.

auf dicken Teppichen und Stühlen im Sand und genießt die dargebotene Musik samt Bauchtanz. Ein
Zug aus der Wasserpfeife, ein abendlicher Ritt auf den vor dem Lager
angebundenen Kamelen und eine
dekorative und kunstvolle Ver-
zierung mit Henna für die Hände
vervollständigen den Abend. Angeboten werden Desert Safaris von
allen Reisebüros der Stadt, ein beliebter Veranstalter ist beispielsweise
Arabian Adventures (www.arabian-
adventures.com).

MusicHall   ▶ S. 32, c 1
Essen, während auf der Bühne ein
kulturell hochwertiges Unterhaltungsprogramm läuft: Das aus Bei-
rut stammende Konzept »Dinner &
Dance« ist auch in Dubai der Ren-
ner und besonders während der heißen Sommermonate populär. Am
Abend gibt es zehn Live-Acts unterschiedlicher Musiker und Künstler,
von Latino, Funk bis zu Oper und
Jazz. Das Publikum lässt sich stets
mitreißen, geht mitunter zum Ap-
plaus sogar auf die Tische …

Hotel Jumeirah Sabeel Saray, Crescent Road, The Palm Jumeirah • Metro: Nakheel • Tel. 4 47 66 46 • www.jumeirah.com • Do, Fr 12–3 Uhr

Purobeach Urban Oasis ▸ S. 33, e 2
Eine grüne, tropisch gestylte Oase am Poolbereich erwartet Sie nach dem Sightseeing. Man relaxt unter großen Sonnensegeln und in weißen Lounge-Sesseln bei unaufdringlicher Musik. Neben Kleinigkeiten zum Essen gibt es auch Salate, Steaks etc., und neben Cocktails auch eine große Auswahl (alkoholfreier) Mocktails.
Hotel Conrad, Sheikh Zayed Road • Metro: World Trade Centre • Tel. 4 44 71 11 • www.conraddubai.com • tgl. 9–24 Uhr

AKTIVITÄTEN
Skydive Dubai ▸ S. 32, c 2
Trauen Sie sich? In 4000 m Höhe springt man – im Tandem mit einem Profi – aus dem Flugzeug, um über Palm Island zu Boden zu schweben. Alles wird gefilmt, damit man es später den Enkeln zeigen kann.
Palm Drop Zone, Al Sufouh Road • Metro: Damac • www.skydivedubai. ae • Feb.–Mai Mo–Sa 10–18 Uhr • Tandemflug 2000 Dh

📷 FotoTipp

WAHRZEICHEN SHARJAHS
Die zwei langen parallelen Gebäude des Blue Souk, in islamischer Architektur mit aufgesetzten Windtürmen, Kuppeln und blauen Mosaikdekorationen errichtet, fotografiert man optimalerweise von der Rasenfläche auf der gegenüberliegenden Seite der King Faisal Street. ▸ S. 46

SERVICE
AUSKUNFT
Dubai Department of Tourism ▸ S. 145, östl. F 2
Al Fattan Plaza, 6., 8., 9. Etage, Airport Road, Al Garhoud • Metro: GGICO • Tel. 2 01 02 59 • www.dubai tourism.ae • 8–17 Uhr

Ausflug
◉ **Sharjah**
760 000 Einwohner
Stadtplan ▸ S. 47
Das direkt nördlich an Dubai angrenzende Emirat Sharjah genießt den 1998 verliehenen Titel Kulturelle Hauptstadt der VAE. Gerühmt wurde die architektonische Geschlossenheit des auf das Schönste restaurierten Altstadtbereichs. So beherbergen die historischen Kaufmannspaläste der Altstadt, vor einigen Jahren perfekt und umfangreich wiederhergestellt, eine Ansammlung von Museen, die einzigartig sind in der arabischen Welt. Mit dem Ausrichten einer in der arabischen und westlichen Kunstszene viel beachteten Biennale verfolgt das Emirat auch auf diesem Gebiet anspruchsvolle Ziele. Aufgrund eines vom Emir verfügten Alkoholverbots zieht das Emirat jedoch trotz seiner Badestrände und der im Vergleich zu Dubai deutlich günstigeren Strandhotels weniger westliche Touristen an. Als Ausflugsziel ist Sharjah, weniger als eine halbe Autostunde von Dubai entfernt, indessen ein Muss.

SEHENSWERTES
Blue Souk ▸ S. 47, b 2
Das architektonisch auffällige Basargebäude (im Stil eines Belle-Époque-Bahnhofs) gehört zu den Wahrzeichen Sharjahs; der Souk beher-

© MERIAN-Kartographie

bergt Bekleidungs-, Kosmetik- und Schmuckgeschäfte, die überwiegend auf arabischen und asiatischen Geschmack ausgerichtet sind. Im ersten Stock werden Europäer fündig: In Dutzenden von kleinen Shops gibt es Antiquitäten bzw. täuschend echt wirkende Kopien aus Indien und Indonesien. Die Preise sollten ver-

handelt werden (bis zu 50 % Nachlass sind möglich).
Souk al-Markazi, King Faisal Road • tgl. 9–14 und 16–22 Uhr

Heritage Area ▶ S. 47, a/b 1/2
In leuchtendem Weiß strahlen die alten, teilweise aus Kalkstein erbauten Handelshäuser, einst im Besitz

reicher Kaufleute. Dank der Umsicht und städtebaulichen Vorausschau wurden diese Perlen der Architektur vor dem Verfall gerettet und mithilfe eines internationalen Teams, bestehend aus Kunsthistorikern und Architekten, sensibel und mit gutem Erfolg restauriert. Heute beherbergen viele der um einen zentralen Innenhof herum gebauten Häuser Museen und Cafés.

Zwischen Al-Boorj Avenue, Corniche und Al-Ayubi Road

Qanat al-Qasba ▶ S. 47, nördl. a 1

Der 2009 fertiggestellte künstliche Kanal, an dessen Ufern mehrstöckige Paläste im islamischen Stil stehen – in Sharjah werden auf Geheiß des Herrschers öffentliche Gebäude stets in arabischen Stil erbaut –, markiert Sharjahs Wunsch, Anschluss an die Tourismuswelle zu bekommen. Luxusboutiquen und eine anspruchsvolle Restaurantszene locken Besucher hierher zum Bummeln. Wer mag, geht anschließend in die Luft und besteigt das Eye of the Emirate genannte Riesenrad, von ähnlicher Bauart wie das berühmte Rad am Ufer der Themse in London. Der Kanal kann mit elektrisch betriebenen »Abras«, Wassertaxis, befahren werden, drei Fußgängerbrücken überqueren ihn.

Al-Khan Road • www.alqasba.ae

Souk al-Arsah ▶ S. 47, a 1

Das Besondere an diesem im traditionellen Stil in einem historischen Bauwerk wiederaufgebauten Souk ist seine durch und durch authentische Atmosphäre. Anders als bei ähnlichen Beispielen in Dubai ist der Souk al-Arsah weniger schick, sondern gefällt mit seiner eher einfachen, bescheidenen Aufmachung. Vier reich verzierte Holztore bilden den Zugang zum Halbdunkel kleiner Geschäfte, in denen Gewürze, üppig bestickte und bedruckte Stoffe aus Indien und Fernost, alter Silberschmuck aus Oman und Jemen, Antiquitäten und Bücher über den Islam verkauft werden.

Im Zentrum der Heritage Area •
Sa–Do 9–13 und 16–21,
Fr 16.30–22 Uhr

MUSEEN

Sharjah besitzt mehr als 20 Museen, teilweise untergebracht in wunderschön anzusehenden alten Bauwerken der Heritage Area (▶ S. 47). Da die Eintrittspreise sehr niedrig sind, kann man es sich durchaus gönnen, durch mehrere der Museen einen kurzen Rundgang zu unternehmen. Neben dem **Bait al-Naboodah**, einem eindrucksvollen Palast, der 1845 für einen wohlhabenden Kaufmann aus Korallenkalkstein erbaut wurde und der heute einen guten Einblick in das Leben in früheren Jahrhunderten vermittelt, lockt auch das **Calligraphy Museum** (House of Poetry), ein schönes altes Bauwerk, dessen Ausstellungen arabische Gedichte zum Thema haben ebenso wie kalligrafische Handschriften.

www.sharjahmuseums.ae

Maritime Museum ▶ S. 47, a 4

Der langen Seefahrertradition des Emirats gewidmet ist dieses bei Besuchern sehr beliebte Museum. Es ist das größte seiner Art in der Region und zeigt alte Dhaus, die noch vor wenigen Jahren im Wasser kreuzten; Modelle informieren über die Vielfalt der unterschiedlichen Bootstypen. Daneben gibt es altes Zubehör der Perltaucherei zu sehen ebenso wie Schwarz-Weiß-Fotos der einstigen Dhau-Kapitäne. An interaktiven Bildschirmen wird man mit allen Facetten der Seefahrt in Sharjah vertraut gemacht, und ein gut sortierter Museumsshop bietet nautische Souvenirs.

Al-Khan, Al-Khan Corniche (neben dem Sharjah Aquarium) • Sa–Do 8–20, Fr 16–20 Uhr • Eintritt 10 Dh

⭐ Museum of Islamic Civilization ▸ S. 47, a 1

Untergebracht in der opulenten Umgebung des einstigen Souks Al-Mujarra liegt das Highlight unter Sharjahs zahlreichen Museen, eines der schönsten und bedeutendsten der gesamten Arabischen Halbinsel. Auf zwei Etagen und unter der gewaltigen Kuppel des palastartigen Bauwerks finden sich mehr als 2000 Kunstwerke der islamischen

Welt ausgestellt. Zu den größten Schätzen gehört für die moslemischen Besucher ein Stück Stoff, das von der Kaaba aus Mekka, dem zentralen Heiligtum des Islam in der für Nicht-Moslems verbotenen Stadt in Saudi-Arabien, stammt. Der Besucher wird auf anspruchsvolle Weise mit der Essenz der islamischen Religion und ihrer unterschiedlichen Ausprägungsformen in Berührung gebracht. Faszinierend sind die teilweise jahrhundertealten Koranschriften, die im Erdgeschoss präsentiert werden, während es im ersten Stock eine Ausstellung islamischer Kunst zu sehen gibt. Ebenfalls vorhanden sind ein Café, in das einkehren kann, wer eine Pause braucht oder Hunger hat, sowie ein vorzügliches Buchgeschäft.

Al-Mujarra Corniche • www.sharjah museums.ae • Sa–Do 8–20, Fr 16–20 Uhr • Eintritt 5 Dh

Sharjahs Zentralmarkt, auch bekannt als Blue Souk oder Souq al-Markazi (▸ S. 46), ist in einem auffälligen Gebäude im Stil eines Belle-Époque-Bahnhofs untergebracht.

Abu Dhabi

930 000 Einwohner
Stadtplan ▸ S. 146/147

Der Ausbau der Corniche zum üppigen Prachtboulevard, die Etablierung einer Formel-1-Rennstrecke, das glanzvolle und luxuriöse Hotel Emirates Palace, die neue Große Moschee sowie der Ausbau von Saadiyat Island in eine Museums- und Kulturinsel sind nur Teile von Abu Dhabis Transformation von einem Emirat im touristischen Schatten Dubais zur Weltmetropole. Besucher erleben Abu Dhabi, das größte der Emirate, und dessen auf einer Insel liegende gleichnamige Hauptstadt jedoch nach wie vor als traditionell geprägt und weniger schnelllebig als Dubai.

Abu Dhabi besitzt nicht nur eine 300 km lange Küste, der ungezählte kleine, zumeist unbewohnte Inseln vorgelagert sind, sondern auch eine menschenleere Sandwüste und faszinierende Oasen. Al Ain beispielsweise, die größte Oasenstadt am Fuße des Jebel Hafeet, ist mit seinen zahlreichen Forts und dem bedeutendsten Kamelmarkt der gesamten Region ein lohnenswerter Ausflug.

HAFEN

Das Abu Dhabi Cruise Ship Terminal liegt im Hafen Mina (Port) Zayed, einem alten Containerhafen, etwa 4 bis 5 km vom Stadtzentrum entfernt. Das in traditionellem arabischem Design gestaltete neue Gebäude enthält auch Restaurants und Shops. Busse und Taxis für die Fahrt in die Stadt stehen bereit. Ein kostenloser Shuttlebus bringt Sie zum Souk des World Trade Centre. Auch der Big Bus, ein offener Sightseeingbus, hält am Terminal. Die Abu Dhabi Tourism Authority (ADTA) unterhält im Terminal ein Interactive

Abu Dhabi (▸ S. 50) verändert sich rasch, doch die Fischer bewahren ihre traditionellen Fangmethoden und setzen (noch) nicht auf Hightech.

Information Centre, in dem man sich über das Emirat informieren und Ausflüge buchen kann.

SEHENSWERTES

Emirates Palace ▸ S. 146, A 1

Abu Dhabis prunkvollstes Hotel, im Besitz des Emirs und als Palast für Staatsgäste und Kongresszentrum genutzt, wurde von einem britischen Architektenteam geplant und 2005 nach vierjähriger Bauzeit eröffnet. Die Entstehungskosten lagen bei 3 Mrd. US-$, womit es zu den teuersten Hotels der Welt gehört. Zentrum des rötlich schimmernden, arabisch geprägten Bauwerks mit 114 Kuppeln ist eine gewaltige, 42 m hohe Kuppel, die Licht ins Innere bringt und die beiden Hotelflügel dominiert. Staatsgästen vorbehalten ist die Zufahrt über eine zugbrückenähnliche und von Wasserspielen flankierte Rampe, alle anderen erreichen das Emirates Palace über eine gewaltige Nebeneinfahrt. 200 Springbrunnen säumen die Garten- und Parkanlagen sowie die Treppenaufgänge. Wer über die kilometerlangen Hotelflure läuft, verliert angesichts der überall gleich aussehenden Opulenz und Prachtentfaltung schnell die Orientierung, in welchem Hotelbereich er sich befindet: Die Decken aus Blattgold, der Boden aus elfenbeinfarbenem Marmor – verständlich, dass alle Angestellten zunächst einen mehrtägigen Orientierungskurs absolvieren, um sich in dem Gebäude problemlos zurechtfinden zu können. Die Dimensionen des konservativ designten Palastes, in dem tatsächlich alles Gold ist, was glänzt, lesen sich wie ein Auszug aus dem Guinnessbuch der Rekorde: das Eingangstor ist mit

40 m höher als der Arc de Triomphe, jährlich werden 3 Mio. US-$ für Rosenlieferungen ausgegeben, etwa 2000 Angestellte aus 50 Nationen sind beschäftigt, die Ost-West-Ausdehnung misst 800 m. Kein Wunder, dass das von Kempinski betriebene Hotel zur Top-Sehenswürdigkeit Abu Dhabis avancierte.

Corniche Road West • www.emirates palace.com

 ## FotoTipp

PERFEKT IN SZENE GESETZT

Ein guter Blick auf das – neben der Sheikh Zayed Mosque – bekannteste Bauwerk von Abu Dhabi-Stadt, das Hotel Emirates Palace, ergibt sich, wenn man vom Haupteingang die langen Treppen hinuntersteigt, durch die Springbrunnen-Landschaft hindurch fast bis zur Straße. ▸ S. 51

Falcon Hospital ▸ S. 147, südöstl. F 4

Einmalig in seiner Art: Vor den Toren der Stadt liegt das Krankenhaus, das sich auf die Behandlung kranker und verletzter Falken spezialisiert hat. In Abu Dhabi wie auch in den übrigen Emiraten werden von den Einheimischen abgerichtete Falken zur Jagd eingesetzt, ein kostspieliges und traditionsreiches Hobby. Besucher bekommen von dieser Tradition kaum etwas mit. Umso interessanter ist der Besuch in diesem mit modernster Technik ausgestatteten Hospital. Die Patienten, die nicht nur über einen implantierten Chip (zur Ortung), sondern sogar über einen Pass und einen Impfnachweis verfügen, werden hier liebevoll behandelt und wieder auf-

gepäppelt, sogar verlorene Federn können ersetzt werden. Besucher des Hospitals können durch Glasfenster die einzelnen Behandlungsschritte verfolgen und die Patienten ausführlich begutachten. Als Abschluss winkt ein Fototermin: Wer mag, der bekommt auf den ausgestreckten Arm und einen wattierten Handschuh einen Falken gesetzt.
Al-Shamka (35 km östl. der Innenstadt Richtung Sweihan, Abzweigung Al-Shamka nahe dem Flughafen) • www.falconhospital.com • So–Do 10 und 14, Sa 10 Uhr • zweistündige Tour 150 Dh

 MERIAN Tipp

SAADIYAT-MODELL IM MANARAT AL-SAADIYAT

Die Saadiyat Experience im Kulturzentrum zeigt interaktiv, wie die Insel zu einem Cultural District mit vier Weltklasse-Museen ausgebaut werden soll. So entsteht etwa der von Jean Nouvel gestaltete Louvre, der Leihgaben des Louvre sowie weiterer französischer Museen zeigen wird. Ein von Frank Gehry entworfenes Guggenheim Museum für moderne und zeitgenössische Kunst verblüfft durch seine konischen Formen, während das von Zaha Hadid geplante Performing Arts Center durch seine runden, organischen Formen besticht. Weitere Modelle zeigen maßstabsgetreu das in Entstehung begriffene Sheikh Zayed Museum sowie das von Tadao Ando erdachte Maritime Museum.
Manarat al-Saadiyat, Cultural District, Saadiyat Island • www.saadiyat culturaldistrict.ae • tgl. 10–20 Uhr • Eintritt frei

Ferrari World   ▸ S. 147, südöstl. F 4
Auf der Abu Dhabi-Stadt vorgelagerten Insel Yas wurde im Jahr 2009 die erste Formel-1-Rennstrecke der VAE eröffnet – Abu Dhabis Einstieg nicht nur in den internationalen Formel-1-Zirkus, sondern auch ein in touristischer Hinsicht Erfolg versprechendes Event, das das Emirat in der Welt bekannt machte. So wurde das erste Rennen auf dem 5,5 km langen Yas Marina Circuit weltweit von über 600 Mio. Fernsehzuschauern verfolgt. Heute finden jährlich um die 20 Autorennen auf der Strecke statt. Wahrzeichen des Rundkurses ist der am Ende einer 1,7 km langen Geraden thronende Yas Tower, von dessen gläserner Lounge VIPs aus aller Welt die Rennen verfolgen. Architektonisch spektakulär ist das Yas-Hotel, das die Rennstrecke mit einer Brücke überspannt. Das Hotel grenzt außerdem an die Yas Marina, in der bei den Rennen große, teure Jachten ankern.
Größte Attraktion von Yas ist der Ferrari-Themenpark, dessen gigantisches, 200 000 qm großes und einem Ferrari nachempfundenes Dach schon beim Landeanflug auf Abu Dhabi ins Bild rückt. Auto- und Motorsportbegeisterte sind hier in ihrem Element: Formel-1-Simulatoren, eine auf 200 km/h beschleunigende Achterbahn (die schnellste der Welt), ein Aufzug (G-Force), der Besucher mit 40 km/h 60 m hoch bis über das Dach des Indoor-Themenparks hinaus katapultiert, warten ebenso wie italienische Eisdielen und Pizzerien.
Yas Island (20 km östl. von Abu Dhabi-Stadt ab E10) • www.ferrariworld abudhabi.com • tgl. 11–20 Uhr • Eintritt 250 Dh, Kinder 205 Dh

Verletzte Falken werden im Falcon Hospital (▶ S. 51) gehegt und gepflegt – aus gutem Grund, kosten die Jagdfalken nicht selten den Preis einer Luxuslimousine.

Old Fort   ▶ S. 146, C 2
Die auch Qasr Al-Hosn und White Fort genannte Festung mag zwar äußerlich wenig eindrucksvoll wirken, nimmt jedoch einen prominenten Platz in der Stadtgeschichte ein. 200 Jahre lang diente das weiß getünchte Fort, dessen Räume sich um mehrere Innenhöfe und kleine Gärten gruppieren, als Wohnsitz der Herrscherfamilie und Regierungssitz. Das älteste Gebäude der Stadt wurde an bedeutsamer Stelle erbaut, nämlich dort, wo 1761 Beduinen eine Gazelle entdeckten. Als die Jäger dem Tier folgten, gelangten sie zu einer Quelle an der Spitze der Insel – ein Glück verheißendes Zeichen, so interpretierten die Beduinen, das in der Folge zur Gründung Abu Dhabis führte und dem Emirat seinen Namen gab: Abu Dhabi bedeutet Brunnen der Gazelle. Das Fort, das seit langer Zeit wegen Reno-vierung geschlossen ist, beherbergt ein Museum, das sich derzeit jedoch noch in der Aufbauphase befindet.
Sheikh Zayed 1st Street • zurzeit wegen Umbauarbeiten geschl.

Qasr Al Hosn Exhibition Centre
                                ▶ S. 147, D 2
Auf dem Gelände des noch immer wegen Restaurierung geschlossenen White Fort wurde eine kleine, sehr sehenswerte Multi-Media-Ausstellung eingerichtet. Sie tauchen ein in das Abu Dhabi des vorigen Jahrhunderts, sehen Bilder und kleine Filme des (verstorbenen) charismatischen Führers Abu Dhabis Sheikh Zayed; es gibt Bootsmodelle alter arabischer Dhaus, und auf Englisch beschrifteten Fotodokumentationen wird der Weg des Emirats von der Vergangenheit in die Zukunft gezeigt.
Sheikh Zayed 1st Street • Tel. 6 97 64 72 • tgl. 9–20 Uhr • Eintritt frei

FotoTipp

MÄRCHENMOSCHEE

Ein herrlicher Blick auf das gesamte Gebäude der Sheikh Zayed Grand Mosque ergibt sich von einer der Terrassen des Hotels Shangri-La sowie von den Restaurant-Terrassen des nebenan liegenden Souk Qaryat al-Beri – vor allem in der Dämmerung, wenn die Moschee beleuchtet wird. ▸ S. 54

 Sheikh Zayed Grand Mosque
▸ S. 147, südl. D 4

Gewaltige, dunkel leuchtende Wasserbecken spiegeln ihre Silhouette wider: Abu Dhabis Große Moschee ist für jeden Moslem Stein gewordener Traum vom perfekten Gebetshaus. Die größte Moschee Abu Dhabis, wenn nicht der gesamten Arabischen Halbinsel beeindruckt Besucher durch die gewaltige Ausdehnung (über 22 000 qm) und die verwendeten kostbaren Materialien. Faszinierend sind bereits die an das Taj Mahal erinnernden, strahlend weißen Mauern aus Marmor und Naturstein. Beherrschendes bauliches Element sind die 80 Kuppeln unterschiedlicher Größe, zudem ist die Moschee von über 1000 Säulen umgeben, weitere 96 Säulen, mit intarsierten Ornamenten aus Halbedelsteinen verziert, schmücken die Gebetshallen. Ein über 7000 qm großer Teppich schmückt den Boden der Haupthalle, über den sich eine 70 m hohe vergoldete Kuppel erstreckt.

Für den 2004 verstorbenen Sheikh Zayed war die Errichtung der Moschee, die er nicht mit Staatsgeldern, sondern aus seinem privaten Vermögen finanzierte, der letzte große Wunsch. Zum Freitagsgebet bietet die Moschee ausreichend Platz für 40 000 Menschen. Das Betreten der Moschee ist auch Nicht-Moslems erlaubt, allerdings muss auf angemessene Bekleidung und Verhalten geachtet werden.

Rashid al-Maktoum Road (Airport Road) • So–Do 9–22, Fr ab 16.30 Uhr •www.szgmc.ae • Eintritt frei

MUSEEN

Heritage Village ▸ S. 147, F 1

Kamele, die im Halbschatten dösend den Tag verbringen, ein Ochse, der nach althergebrachter Weise Wasser mit einem Schöpfrad aus dem Brunnen fördert, Handwerker, die aus Ton Geschirr töpfern und Kupferwaren fertigen – das am Meer liegende Freilichtmuseum macht Geschichtsunterricht zur unterhaltsamen Sache. Hier erfährt man, wie die Barasti-Hütten einst hergestellt wurden und wie die beduinische Bevölkerung darin leben konnte. Ein anderer Bereich des Museumsdorfes widmet sich dem arabischen Essen und dessen Zubereitung: Demonstrationen von Brot- und Käseherstellung im Heritage Cookhouse und der Nachbau eines altertümlichen Lebensmittelladens erfreuen auch die Kinder unter den Besuchern. Das kleine Village-Museum, im Stile eines Forts erbaut, ergänzt das Angebot. Besonders reizvoll ist der Blick vom kleinen Sandstrand (wo Baden allerdings nicht gestattet ist), der zum Heritage Village gehört, auf die Skyline der Stadt und die Corniche.

Breakwater (ab Corniche Road West) • Sa–Do 9–17, Fr 15.30–21 Uhr • Eintritt frei

Gotteshaus der Superlative: Wenn der Muezzin zum Gebet ruft, finden 40 000 Menschen in Abu Dhabis Sheikh Zayed Grand Mosque (▸ MERIAN TopTen, S. 54) Platz.

⑥ Louvre Abu Dhabi

▸ S. 147, östl. F 1

Star-Architekt Jean Nouvel schuf das Gebäude, dessen Erkennungszeichen eine Riesenkuppel ist, durch die das Licht in sanften Strahlen wie durch das Blätterwerk eines Waldes dringt. Der arabische Louvre startet mit 300 Leihgaben aus französischen Museen, parallel dazu wird eine eigene Sammlung aufgebaut.
Saadiyat Island, Cultural District • Eröffnung Ende 2016 geplant • www.louvreabudhabi.ae

Qasr al Hosn Exhibition Centre

▸ S. 53

STRAND

Corniche Beach ▸ S. 146, westl. A 1
Der am westlichen Rand der Corniche liegende Badestrand bietet gute touristische Infrastruktur sowie eine landestypische Besonderheit: Ein Strandabschnitt ist alleinstehenden Männern vorbehalten.
Corniche Road West • tgl. 7–24 Uhr • Eintritt Paare und Familien 15 Dh, Männer 10 Dh

SPAZIERGANG
Stadtplan ▶ S. 146/147

Die von Landschaftsplanern mehrfach und aufwendig neu gestaltete **Corniche**, eine sechsspurige Straße am Meer, und der parallel dazu verlaufende **Corniche Park** beginnen beim Sheraton-Hotel im Nordosten. Zwischen sattgrünen Rasenflächen, hohen Palmen, Lorbeer und Bougainvilleen verläuft der Weg aus Granit und Marmor. Ein Spaziergang ist hier ein Muss, nicht nur wegen der beständig kühlenden Brise vom Meer, sondern weil man auch auf einige Landmarks der Stadt trifft und die beeindruckende Skyline Abu Dhabis genießt. Die Corniche Gardens nehmen die sogenannte Corniche Road East (auch 1st Street genannt) ein, und man sieht die roten Sanddünen von Lulu Island, der gegenüberliegenden, lang gezogenen Insel, als Wellenbrecher aufgeschüttet. Der eine Querstraße weiter südlich liegende **Etihad Square** markiert die mehrspurige, nach Süden führende Straße Richtung al-Maqta-Brücke und Flughafen. Mit seinen Modellen überdimensionaler Kaffeekannen und traditioneller Rosenwasserflakons im Zentrum ist der als Grünanlage gestaltete Etihad-Platz in einem Stil gestaltet, wie er in der Vergangenheit häufig anzutreffen war. Einige Hundert Meter weiter rücken die beiden **Baynunah Towers** in den Blick, 1993 als Hotel-Apartments errichtet, damals die höchsten Bauwerke der Region und noch heute beeindruckend. Am westlichen Ende der Corniche – die Straße heißt mittlerweile Corniche Road West – führt eine Straße nach Breakwater mit dem **Heritage Village**; hier ergibt sich ein guter Blick auf das Emirates-Palace-Hotel. Dauer: 1,5 Std.

Vorbei sind die Zeiten, als in Abu Dhabi das Geschirr von Hand getöpfert wurde. Das Heritage Village (▶ S. 54) gibt Einblicke in die Zeit vor dem Ölboom.

ESSEN UND TRINKEN

Sayad ▸ S. 146, A 1

Esserlebnis unter Wasser • Abu Dhabis berühmtestes Fischrestaurant gehört zum Emirates-Palace-Hotel: ein cooles Designerstück aus Ozeanblau schimmerndem Glas, dunklen Fußböden und futuristischem Mobiliar sowie einer offenen Showküche. Auf sensible Gemüter etwas befremdlich wirken höchstens die Aquarien, in denen tropische Fische sorgsam gepflegt werden, während ihre Artgenossen auf der Speisekarte zu finden sind. Diese verzeichnet z. B. eine üppige Shellfish-Platte für zwei Personen, köstliche, asiatisch inspirierte Garnelengerichte und Jakobsmuscheln, in Tempura-Teig gebacken.
Hotel Emirates Palace, Corniche Road West • Tel. 6 90 79 99 • tgl. 18.30–24Uhr • €€€€

Fishmarket ▸ S. 146, B 2

Frischer Fisch • Das Konzept kommt an: Der Gast begutachtet die auf einer als tropischer Markt dekorierten Theke ausgebreiteten Fische und Schalentiere und wählt aus, was er zubereitet haben möchte. Dann entscheidet man sich noch, auf welche Weise alles gekocht oder gebraten werden soll, und freut sich anschließend bei einem Cocktail auf die kommenden Genüsse.
Hotel InterContinental, Al Baynunah Street • Tel. 6 66 68 88 • tgl.12.30–23 Uhr • €€€

Pearl by Michael Caines ▸ S. 146, A 1
Futuristisches Design • Der junge, mit zahlreichen Auszeichnungen und zwei Michelin-Sternen versehene britische Star-Koch (nicht zu verwechseln mit dem britischen Schauspieler Michael Caine) ist zwar eher selten in Dubai anwesend, doch alle Gerichte, die in diesem funkelnden Glaspalast auf dem Wasser auf den Tisch kommen, sind von ihm komponiert. Top ist natürlich das mehrgängige Probiermenü, das mit Caines Kunst vertraut macht, auf Wunsch auch mit dazupassend ausgesuchten Weinen.
Hotel Jumeirah at Etihad Towers, Corniche Road West • Tel. 8 11 56 66 • www.jumeirah.com • tgl. 12–15.30 und 19–23 Uhr • €€€

 MERIAN Tipp

PEARLS BAR ▸ S. 147, südl. E 4
Ein weißes Zeltdach überspannt die auf dem Dach des Pearls & Caviar-Restaurants im Shangri-La-Hotel gelegene Bar, gegenwärtig der eindrucksvollste nächtliche Treffpunkt des Emirats. Weiße Sitzgelegenheiten laden zum Chillen ein. Eine kühlende Brise, dramatische Illumination, hippes Interieur, DJs, die für einen ultracoolen Sound sorgen, und nicht zuletzt der Blick auf Abu Dhabi und die Große Moschee haben bleibenden Erinnerungswert.
Abu Dhabi, Hotel Shangri-La (zwischen al-Mussaffah- und al-Maqta-Brücke auf der Festlandseite) • www.shangri-la.com • tgl. 19–3 Uhr

Le Boulanger Marina Café
▸ S. 146, A 1
Café mit Aussicht • Über eine fantastische Lage verfügt das an der Verbindungsstraße nach Breakwater liegende Restaurant. Vor dem gläsernen Rundbau ankern kleine Jach-

ten, am Horizont fesseln Corniche und Hochhäuser von Abu Dhabi den Blick, und die servierten Snacks, Salate und Fleischgerichte munden dem Publikum. Hier herrscht meist Betrieb, und viele arabische Gäste lassen es sich nicht nehmen, eine Shisha zu rauchen. Anschließend kann man in der nahen Marina Mall einkaufen oder das liebevoll angelegte Heritage Village besuchen. Breakwater Street • Tel. 6 81 81 94 • tgl. 8–1 Uhr • €€

FotoTipp

ABU DHABI VON OBEN

Von der Aussichtsplattform des hinter der Marina Mall stehenden Sky Tower geht der Blick rundherum: vom Corniche Beach Park über Abu Dhabis Skyline bis hin zum Theater auf Breakwater Island. ▶ S. 58

EINKAUFEN

Marina Mall ▶ S. 146, nördl. B 1
Die schöne Lage auf der künstlich geschaffenen Halbinsel Breakwater, von der aus man den besten Blick auf die Skyline von Abu Dhabi und das Meer hat, sowie auf das an der Westseite in geringer Entfernung thronende Emirates Palace, lohnt bereits den Besuch dieser architektonisch attraktiv gestalteten Shoppingmall. Unmittelbar neben dem Breakwater-Jachthafen gelegen, beeindruckt die an weiße Segel und Zelte erinnernde Dachkonstruktion des von Licht durchfluteten Gebäudes. Ein 125 m hoher Aussichtsturm (Marina Tower), der Abu Dhabis höchstes (Dreh-)Restaurant beherbergt und einen umfassenden

Panoramablick über Abu Dhabi bietend, macht schon von Weitem auf die Mall aufmerksam. Das Angebot an Boutiquen und Läden kann hingegen mit dem gigantischen Angebot einiger Dubai-Malls nicht mithalten. Mit einer IKEA-Filiale und einem großen Supermarkt der französischen Carrefour-Kette ist der Komplex auch in erster Linie für die im Emirat lebenden Europäer ein Gewinn. Zahlreiche Cafés, Restaurants und ein Food Court komplettieren das Konsumangebot. Breakwater • www.marinamall.ae • Sa–Mi 10–22, Do 10–23, Fr 14–23 Uhr

Souk Qaryat al-Beri ▶ S. 147, südl. D4
Was in Dubai schon längere Zeit beliebt ist, nämlich Einkaufen in Ladengalerien, die wie alt-arabische Souks gestaltet sind, findet jetzt auch in Abu Dhabi Liebhaber. In bester Lage neben dem Shangri-La-Hotel wurde ein zweistöckiges Gebäude detailreich wie ein Souk und in prächtigem arabischen Stil errichtet. Dutzende von Geschäften, Cafés und Restaurants der gehobenen Kategorie laden zum Flanieren ein. Eine 700 m lange Wasserstraße verbindet den Souk mit dem Shangri-La-Hotel und kann mit elektrisch betriebenen »Abras« (Wassertaxis) befahren werden. Qaryat al-Beri (zwischen den Brücken von Maqta und Mussafah) • www.soukqaryatalberi.com • Sa–Do 10–22, Fr 15–22 Uhr

AM ABEND

Al Hanah Bar ▶ S. 147, südl. D4
Auch abends führt kaum ein Weg am Shangri-La-Hotel in Qaryat Al Beri vorbei; nicht nur die Restaurants,

Nach 18 Uhr füllt sich die Al Hanah Bar (▶ S. 58) im Shangri-La-Hotel. Hier kann man bei einem Cocktail die Sonne über Abu Dhabi untergehen sehen.

sondern auch die Bars, die zu diesem Hotel gehören, setzen Trends im Emirat und ziehen die Besucher an: Edler arabischer Stil, elegante zeitgenössische Elemente und modernes Design gehen hier eine inspirierende Verbindung ein. An die Bar schließt die Cigar Lounge an, wo man erstklassige Zigarren in entspannter Atmosphäre genießen kann.
Hotel Shangri-La (zwischen al-Mussaffah- und al-Maqta-Brücke auf der Festlandseite) • www.shangri-la.com • tgl. 17–2 Uhr

SERVICE
AUSKUNFT
Abu Dhabi
Tourism Authority   ▶ S. 146, B 1
Nation Towers, Building B, Corniche Road West • Tel. 4 44 04 44 • www.visitabudhabi.ae • Sa–Do 8–18, Fr 14–18 Uhr

Nützliche Hinweise findet man in den Magazinen »Abu Dhabi Week« (kostenlos, www.abudhabiweek.ae) und »TimeOut Abu Dhabi« (7 Dh, www.timeoutabudhabi.com)

Ausflug
◉ Al Ain
420 000 Einwohner

Über 200 Quellen sprudeln in der Oasenstadt (Al Ain bedeutet »Die Quelle«) östlich von Abu Dhabi-Stadt an der Grenze zu Oman, zu erreichen über eine hervorragend ausgebaute Autobahn. Der erste Eindruck der sehr weitläufigen Stadt ist jedoch der eines modernen arabischen Zentrums. Erst bei genauerem Hinsehen entdeckt man die zahlreichen Grünanlagen und Parks. Highlight des Besuches ist die alte, versteckt im Zentrum gelegene Oase Al Ain. Hier betritt man eine gänzlich andere Welt. Wege führen entlang üppig bepflanzter Gemüsegärten, die von kleinen, altertümlichen Falaj-Kanälen Wasser zugeführt bekommen. Dattelpalmen halten die Sonne ab und filtern das Licht, selbst die Menschen, denen man begegnet, erscheinen besonders ausgeglichen und zufrieden. Sehenswert sind auch das **Al Ain Palace Museum**, der einstige, inzwischen restaurierte Stammsitz des Staatsgründers, in dem dieser aufwuchs und der zeitweise als Regierungssitz diente, sowie das National Museum von Al Ain, das sich der Geschichte der Region widmet.

Faszinierend ist ein Besuch des lokalen **Kamelmarktes**, dem Treffpunkt von Käufern und Züchtern auf dem neuen Central Market, nach wie vor der einzige seiner Art in den VAE, in denen Kamele öffentlich und im großen Stil gehandelt werden. Die Tiere stehen in Boxen und werden ausführlich begutachtet. Dabei handelt es sich meist nicht um teure Rennkamele, sondern um Tiere, die wegen ihrer Milch geschätzt bzw.

geschlachtet werden. 15 km südlich von Al Ain führt eine Serpentinenstraße mit 60 Kurven auf den **Jebel Hafeet**, der 1348 m hoch die Umgebung und die Stadt überragt.
160 km östl. von Abu-Dhabi-Stadt

SEHENSWERTES
Al Ain National Museum

Zu den wertvollsten und zugleich ältesten Exponaten, die in den VAE zur Ausstellung kommen, gehören die in den Hili-Gräbern (▶ S. 60) gefundenen Grabbeigaben, darunter 5000 Jahre alte Gefäße, Speerspitzen und Schmuck. Weniger bedeutsam sind die Staatsgeschenke, die ausländische Staatsgäste dem Emir verehrten und die ebenfalls zu sehen sind: afrikanische Thron-Hocker, Straußenfedern und Gemälde.
1st Street, neben Al Ain Fort • So−Do 8−19, Fr 15−19 Uhr • Eintritt 3 Dh

Hili Gardens (Archaeological Park)

Umgeben von Dattelpalmen, grünen Rasenflächen und unter der warmen Sonne Al Ains erwartet Besucher hier graue Vorgeschichte und eine der größten archäologischen Sehenswürdigkeiten der Arabischen Halbinsel: Im Hili Archaeological Park wurden drei bronzezeitliche Rundgräber der Umm-al-Nar-Kultur (2500−2000 v. Chr.) entdeckt, die bedeutendsten ihrer Art in den VAE. Diese ältesten Zeugnisse menschlicher Besiedlung in den Emiraten wurden von einem französischen Archäologenteam behutsam rekonstruiert und restauriert. Außergewöhnlich ist das Grand Tomb (Großes Grab), in dessen vier Grabkammern mehrere Tote beigesetzt wurden und dessen zwei Eingangstore mit Tiergravuren verziert sind.

In den Emiraten alltäglich, für Touristen ein besonderes Spektakel: der Handel mit Dromedaren auf dem Kamelmarkt in Al Ain (▸ S. 60).

Der Hili Archaeological Park ist eingebettet in einen großen (Freizeit-) Park mit Kinderspielplätzen und schattigen Picknickstellen.
Arz al-Bahar Street • Sa–Do 16–22, Fr 11–22 Uhr • Eintritt 3 Dh

Jahili Fort
Das Wahrzeichen der Oasenstadt und der bekannteste Festungsbau der Emirate wurde in den Jahren 1891 bis 1898 errichtet. Die imposante Anlage, die mit ihrer sanften Ockerfarbe und den runden Zinnen an eine große Sandburg erinnert, zeichnet sich durch einen vierstöckigen Hauptturm aus, der sich nach obenhin verjüngt. Der Geburtsplatz des Staatsgründers, des 2004 verstorbenen Sheikh Zayed, wurde perfekt restauriert und birgt heute u. a. eine Ausstellung nostalgischer Schwarz-Weiß-Aufnahmen des Abenteurers Sir Wilfred Thesiger, der als erster Europäer die Sandwüste Rub Al-Khali durchquerte.
Al-Jahili, Jahili Street • Di–So 9–17, Fr 15–17 Uhr • Eintritt frei

Fujairah

130 000 Einwohner

Während der Westen der VAE über keinerlei nennenswerte Erhebungen verfügt, wird der Osten des Landes geprägt durch das steil aufragende Hajargebirge. Eine weitere Besonderheit ist die etwa 5 km breite Batinah-Ebene zwischen dem Gebirge und dem Meer, dem Golf von Oman, die – neben der zu Abu Dhabi gehörenden Palmenoase Al Ain (▸ S. 60) – dank reicher Wasservorkommen von dichter, nahezu tropisch anmutender Vegetation durchzogen wird. Fujairah, das einzige Scheichtum der VAE, das komplett an den Golf von Oman grenzt, ist deshalb außerordentlich reizvoll und voller landschaftlicher Kontraste: karge, grau-braun schimmernde Bergrücken, tiefgrün leuchtende Palmenoasen sowie die lang gezogene Küste und einige davor liegende Korallenriffe prägen seine Sonderstellung. Die kleine Hauptstadt von Fujairah ist touristisch eher unbedeutend und präsentiert sich nach wie vor so, wie noch vor wenigen Jahrzehnten auch Dubai und Abu Dhabi aussahen. Beeindruckend ist hier allerdings ein mächtiges Fort aus dem 17. Jh., das aufgrund zurückhaltender Restaurierungsarbeiten und moderatem Verfall sehr viel ursprüngliche arabische Atmosphäre zeigt. Da man in Fujairah kein Öl fand, ist das Emirat auf die Unterstützung von Abu Dhabi angewiesen und bietet sich als landwirtschaftlicher Produzent an.

⭐ MERIAN Tipp

STIERKAMPF IN FUJAIRAH

Im Emirat ist der Stierkampf nur ein Kräftemessen der Tiere. Die Bullen, sogenannte Brahmin-Rinder, werden nicht verletzt und schon gar nicht getötet: Die über eine Tonne schweren Stiere werden von ihren Besitzern an einem durch die Nase gezogenen Strick zueinandergeführt, stehen sich Kopf an Kopf gegenüber und beginnen, sich gegenseitig zu schieben und zurückzudrängen – das Tier, das nachgibt, also zurückweicht, gilt als Verlierer. Immer freitags trifft sich die einheimische Männerwelt in der Stierkampfarena von Fujairah, einem umzäunten Sandplatz mit einigen Holzbänken. Das auch in Oman verbreitete Spektakel wird als Bull Butting bezeichnet und stammt von den Portugiesen, die das unblutige Vergnügen erstmals im 17. Jh. veranstalteten.

Fujairah, Bullring (am südöstl. Stadtrand von Fujairah) • Fr 15 Uhr • Eintritt frei

HAFEN

Kreuzfahrtschiffe legen im Fujairah Port an, rund 6 km nördlich des Zentrums auf dem Weg nach Khorfakkan, einem Hafen für Containerschiffe mit einem eigenen Kreuzfahrtpier an seiner Südseite. Taxis warten am Hafeneingang, und diverse Tour Operators mit Minibussen bieten Touren zum Heritage Village, Old Fort, zum Markt von Masafi und zur Bidya Mosque, der ältesten Moschee der Emirate, an.

SEHENSWERTES

Fujairah Fort

Eine mächtige Befestigungsanlage überragt die zerfallene Altstadt – beim Fujairah Fort kann man deutlich erkennen, wie der Bau aus einzelnen Lehmziegeln errichtet wurde. Diese wurden vor über 300 Jahren von Hand geformt und an der Sonne getrocknet. Das natürliche Material besteht noch heute, ist jedoch an einigen Stellen der Anlage stark angegriffen und musste über die Jahrhunderte hinweg regelmäßig ausgebessert werden. Das im Jahr 1670 fertiggestellte Fort wurde von den lokalen Stämmen immer wieder erweitert, bis es schließlich aus drei Gebäuden bestand.

Mehrere Versammlungsräume lassen mit ihrer Kargheit und sparsamen Ausstattung die Erinnerung an jene Zeiten wach werden, zu denen die hier und in der Umgebung lebenden Menschen Angriffe feindlicher Eroberer befürchteten und sich nur durch den Rückzug in die Befestigungsanlagen vor den Offensiven zu schützen wussten. Anfang des 20. Jh. wurde Fujairah Fort durch Bomben-

angriffe britischer Flugzeuge empfindlich getroffen.
Old Fujairah, Al-Salam Road (2 km außerhalb des Zentrums) • Sa–Do 9–13, Fr 15–18 Uhr • Eintritt 2 Dh

Heritage Village
Donnerstags und freitags, dem islamischen Wochenende, herrscht besonders viel Betrieb im kleinen Freilichtmuseum: Junge einheimische Paare, Familien mit kleinen Kindern und allein stehende Männer kommen auf einen Abstecher hierher und begutachten, wie ihre Vorfahren früher gelebt haben. Aus Lehmziegeln und getrockneten Palmzweigen geflochtene Hütten sind ebenso zu sehen wie antiker Silberschmuck und das von Beduinen benutzte häusliche Mobiliar.
Al-Ittihad Road (nördl. Ende) • Sa–Do 9–13 und 16–18, Fr 15–19 Uhr • Eintritt frei

Stierkampf auf Arabisch und ohne Blutvergießen (▶ MERIAN Tipp, S. 62): »Bull Butting« ist in der arabischen Männerwelt ein beliebter freitäglicher Zeitvertreib.

MUSEEN

Fujairah Museum

Das kleine Museum in der Nähe des Forts zeigt archäologische Fundstücke der Ostküste der Emirate sowie ethnologische Exponate wie alte Haushaltsgeräte, Schmuck, Werkzeuge und Kleidungsstücke. Es besteht aus drei Sälen, wobei sich der erste Saal den Themen Landwirtschaft, Fischen und Handel sowie Weben und Töpfern widmet. Der zweite Saal präsentiert u. a. ein Modell der einst üblichen, aus Palmblättern errichteten Häuser. Der dritte Saal zeigt eine Reihe von Gegenständen, die man an verschiedenen Stätten entdeckte, darunter aus Speckstein gefertigte Gefäße, Kannen und Tassen in verschiedenen Größen und Formen.

Al-Nakheel Road • Sa–Do 9–13 und 16–19, Fr 14.30–19 Uhr • Eintritt 3 Dh

ESSEN UND TRINKEN

Al-Meshwar

Moderne Ruine • Die auffällige Architektur mit steinerner Verkleidung im Stil eines Stadtpalastes und »Ruinen« auf dem Dach birgt im Erdgeschoss ein (Shisha-)Café und im ersten Stock ein Restaurant, das auch über eine Terrasse verfügt und seine Gäste mit köstlicher libanesischer Küche verwöhnt. Der gute Service und die freundliche Bedienung runden das Esserlebnis ab.

Hamad Bin Abdullah Road (gegenüber dem Trade Centre) • Tel. 2 23 11 13 • tgl. 9–23 Uhr • €€

SERVICE

AUSKUNFT

Fujairah Tourism Bureau

Fujairah Trade Centre, Hamad Bin Abdullah Road (Zentrum), 9. Stock • Tel. 2 23 15 54 • www.fujairahtourism. ae • Sa–Do 8–16 Uhr

Bollwerk gegen feindliche Übergriffe: Das mächtige Fujairah Fort (▶ S. 62), im 17. Jh. erbaut, gestattet interessante Einblicke in die arabische Vergangenheit.

Ausflüge
◎ Khor Kalba 🌿

Ein besonderes Naturschutzgebiet befindet sich in der Umgebung von Fujairah: Der größte und bedeutendste Mangrovenwald der Arabischen Halbinsel breitet sich südlich von Fujairah an der Ostküste und an der Grenze zu Oman aus und erstreckt sich über etwa 8 km. Die Uferbereiche der Salzwasserlagune sind mit immergrünen Bäumen und Sträuchern bewachsen – unterschiedlichen Mangrovenarten, deren Stelzwurzeln die besondere Fähigkeit haben, das salzhaltige Wasser so zu filtern, dass die Pflanzen darunter nicht leiden, sondern diese sogar in Nährstoffe transformieren können. Aufgrund zunehmender Industrialisierung gehören Mangroven zu den bedrohten Ökosystemen. Die Wälder bieten einer artenreichen Fauna Lebensraum. Während in den Baumkronen seltene (Wasser-)Vögel brüten, leben im Bereich der Stelzwurzeln Fische, Krabben und Muscheln, gedeihen Mikroorganismen vielfältigster Art. Auf Kanutouren, veranstaltet von den Dubai Desert Rangers (www. desertrangers.com), bewegen sich die Tourenteilnehmer auf eigene Faust durch die Lagunenlandschaft, besonders reizvoll ist der Ausflug in den Morgen- oder Nachmittagsstunden, wenn die Tierwelt erwacht bzw. die untergehende Sonne alles in ein goldenes Licht taucht.
12 km südl. von Fujairah-Stadt

◎ Masafi
2000 Einwohner
Das lang gestreckte Straßendorf an der Straße nach Al-Dhaid bietet täglich einen sogenannten Friday Market, eine lebhafte, bunte Angelegenheit. Teppichhändler aus Iran bieten ihre (Gebets-)Teppiche an, aus großen Jutesäcken werden Zimt, Muskatnüsse und Safran verkauft, es gibt Weihrauchharze und Brennholz. Verschleierte Frauen prüfen die Qualität der Stoffe, kleine Mädchen in langen Spitzenkleidern begutachten das Spielzeug. Besucher können sich unter die arabischen Kunden mischen, können Obst kaufen und werden angetan sein von der lebhaften Atmosphäre.
Al-Dhaid Road • tgl. 8–20 Uhr
35 km westl. von Fujairah-Stadt

 MERIAN Tipp

KALBA BIRDS OF PREY CENTRE
Umgeben von hoch aufragenden Bergen wurde für Besucher ein kleines Amphitheater errichtet, in dem täglich aus England und Südafrika stammende Falkner über die Eigenarten und Stärken ihrer Schützlinge erzählen und diese in Aktion vorführen. Majestätische Falken, Adler und gewaltige Geier mit langem Hals und kahlem Kopf, denen man die Kraft und Mühe ansieht, die es braucht, bis sie sich vom Boden in die Lüfte erheben. Und mitunter sehen es die gefiederten Tiere nicht mehr ein, auf die Kommandos der Menschen zu hören, und fliegen zum Amüsement der Besucher weiter ihre Runden am Himmel. Weitere der insgesamt hier lebenden 50 Raubvogelarten können in Gehegen betrachtet werden.
Kalba • Mi–Mo 9–17 Uhr, Vorführungen 15 Uhr • Eintritt 50 Dh
15 km südwestl. von Fujairah

Khorfakkan

34 000 Einwohner

Die wenigsten VAE-Reisenden haben bisher von Khorfakkan gehört. Dies liegt nicht nur an der bislang eingeschränkten touristischen Infrastruktur, sondern auch an der Abgeschiedenheit des Hafenortes bis in die jüngste Vergangenheit. Erst seit einigen Jahren verbinden mehrere gut ausgebaute Straßen Khorfakkan mit Dubai und der Westküste. Landschaftlich gehört der Küstenort schon immer zu den schönsten Orten des Landes. Das liegt zum einen an den majestätischen Gipfeln des Hajargebirges, das hier bis fast an die Küste heranreicht, zum anderen am Golf von Oman, ein Meer, das anders als der flache Arabische Golf zum Tauchen und Schnorcheln einlädt. Auf einem Hügel außerhalb der Stadt entsteht das neue Luxushotel The Chedi, das 2018 öffnen soll, mit 100 Suiten im minimalistischen, asiatisch anmutenden Stil, dazu einer Reihe von Cafes am schönen Strand. Leider beeinträchtigt im Süden der Stadt der Blick auf den gewaltigen Containerhafen die Atmosphäre, und auch ein Bummel auf der Strandpromenade mag enttäuschen. Am besten, man konzentriert sich bei Landgängen auf das, was Khorfakkan besonders zu bieten hat: Baden und Tauchen im Meer und Ausflüge in die nähere Umgebung.

HAFEN

Der Cruise Ship Terminal liegt im Containerhafen Khorfakkan Port 3 km südlich der Stadt. Ein kostenloser Shuttlebus fährt vom Schiff zum Fisch-, Obst- und Gemüsemarkt am südlichen Ende von Khorfakkans langer Corniche.

SEHENSWERTES

Bidya Mosque

Im Vergleich zu den gewaltigen und prächtigen Moscheen der VAE, die in den letzten Jahrzehnten entstanden, wirkt die kleine, weiß gekalkte und bereits 1466 errichtete Moschee deutlich bescheidener. In landschaftlich schöner und noch abgeschiedener Lage an der Küste und am Fuße des Hajargebirges, besuchen viele Einheimische die älteste Moschee des Landes nur zu gerne. Auch Nicht-Moslems dürfen das Gotteshaus betreten, etwas Glück gehört jedoch dazu, denn nicht immer ist ein Wärter in der Nähe, der den Besuchern die Tür zum Gebetsraum öffnet.

Al-Bidya, Khorfakkan-Dibba Road • tgl. 9–12 Uhr • Eintritt frei

8 km nördl. von Khorfakkan

Market

Der Fisch-, Obst- und Gemüsemarkt wird von Dutzenden von Händlern mit Waren beliefert, und es sind auch durchweg Männer, die vormittags die Einkäufe tätigen. Besuchern gegenüber zeigt man sich freundlich und zuvorkommend. Wer das Marktgeschehen im Bild festhalten will, sollte denoch stets vorher um Einverständnis fragen, wenn Menschen mit aufs Foto sollen.

Südl. Ende der Corniche

STRAND

Parallel zur Corniche verläuft ein teilweise breiter, flach abfallender Strand, der nach Süden zunehmend steinig wird. An vielen Stellen wird Wassersport angeboten und auch getrieben, und an der parallel verlaufenden Corniche liegen zahlreiche Cafés und Restaurants.

ESSEN UND TRINKEN
Al Murjan
Über den Wellen • Das älteste und bekannteste Hotel in Khorfakkan, The Oceanic, wurde umfassend renoviert, und auch das im nautischen Stil gestaltete Restaurant erstrahlt in neuem Glanz und präsentiert sich zeitgemäß. Hervorragend ist das tägliche Lunch-Büffet, das man mit Blick auf den direkt vor den Fenstern liegenden Golf von Oman und den Hotelstrand genießt. Den Kaffee nimmt man anschließend im Freien am Pool ein.
Oceanic-Hotel • Corniche Road North • Tel. 2 38 51 11 • www.oceanic hotel.com • tgl. 7–23 Uhr • €€€

Rebou Lebanon
Libanesische Spezialitäten • Tabouleh, köstlicher Salat aus Petersilie und Bulgur, und Falafel, frittierte Bällchen aus Kichererbsen als Vor-speise, anschließend gegrillte Garnelen oder ein Okra-Eintopf: was hier serviert wird, schmeckt köstlich und auch die Atmosphäre ist angenehm. Auch wer sich vegetarisch ernährt, wird hier fündig.
Corniche Road, nähe Oceanic-Hotel • Tel. 2 38 25 22 • 8–1 Uhr • €€

Taj Khorfakkan
Nordindische Küche • Fragen Sie nach Rogan Josh, dem klassischen Lammcurry, oder bestellen Gushtaba, würzige Fleischklöße in cremiger Joghurtsoße. Auch Spezialitäten aus dem Tandoori-Ofen sind köstlich und die (vegetarischen) Biryanis (Reisgerichte) eine Versuchung. Das Restaurant liegt im Zentrum von Khorfakkan nahe der Corniche.
Al Tufail Bin Malik Street, ab Corniche Road (gegenüber Al Safeer Centre) • Tel. 2 37 00 40 • www.grouptajmahal. ae • tgl. 12–23.30 Uhr • €€

Ein wunderbares Fotomotiv bieten die Teppichhändler auf dem Freitagsmarkt in Masafi (▶ S. 65). Man sollte aber nicht vergessen, vorher um Erlaubnis zu fragen.

Golden Fork
Frische Säfte • Die philippinische Kette mit Dutzenden von Restaurants in den VAE steht für günstige und schmackhafte Fisch- und Meeresfrüchtespezialitäten. Bestellen Sie einen der frisch gepressten tropischen Obstsäfte, danach eine »grilled sea food platter« oder eines der ebenfalls guten arabischen Gerichte.
Corniche Road • Tel. 2 38 70 85 • www.goldenforkgroup.com • tgl. 10–24 Uhr • €

Marbella Café
Nicht weit vom Strand • Chai, heiß und mit Milch und reichlich Zucker servierter schwarzer Tee, ist hier der Klassiker; die italienische Kaffeemaschine ist zwar vorhanden, doch meist »kaputt«.
Corniche Road • Tel. 2 38 40 60 • tgl. 8–2 Uhr • €

AKTIVITÄTEN
360° Health Club & Spa
Sehr gut und günstig sind die »Facial Treatments« (Gesichtsbehandlungen) zur Befeuchtung der Haut, bei den Massagen sind die Hot-Stone-Behandlungen (mit auf Körpertemperatur erwärmten Flusssteinen) herrlich entspannend.
Oceanic-Hotel, Corniche Road North • Tel. 2 08 41 92 • www.oceanic hotel.com/360-health-club-and-spa • tgl. 7–22 Uhr

Diving Center
Beste Adresse der Region mit professionellen Tauchlehrern und optimaler Ausrüstung ist das Tauchzentrum im Oceanic-Hotel.
Oceanic-Hotel, Corniche Road • Tel. 2 38 51 11 • www.oceanichotel. com/diving-center

Ras al-Khaimah
270 000 Einwohner

Etwa 2 % der Landesfläche der VAE nimmt das Emirat Ras al-Khaimah ein, das keine Ölvorkommen besitzt und weitgehend von Landwirtschaft und Tourismus lebt. Besonders in den letzten Jahren veränderte sich das lange Zeit als rückständig geltende Emirat zusehends. Überall wird rege gebaut, es entstehen Apartments, Zweitwohnsitze für Emiratis und Ausländer, ebenso wie neue Hotels. Ein Megaprojekt ist der kurz vor der Fertigstellung stehende und nach dem Vorbild von Dubais Palm Jumeirah künstlich geschaffene Inselkomplex Marjan Island. Die Koralleninsel, so die Übersetzung der arabischen Bezeichnung, besteht insgesamt aus vier Inseln und einer mit dem Festland verbundenen Halbinsel, die nach Fertigstellung die Küstenlinie des Emirats um ca. 20 km erweitern wird. Neben fertiggestellten Villen und edlen Wohnanlagen entstanden (All-inclusive-) Hotelresorts, während des Winters beliebtes Ziel auch von osteuropäischen Touristen.
Internationale Aufmerksamkeit sicherte dem Emirat die Eröffnung von zwei Banyan-Tree-Hotels, einem in Thailand gegründeten Unternehmen, dass für Boutique-Hideaways auf höchstem Niveau steht. Das in der Wüste liegende **Banyan Tree al-Wadi**, umgeben von rot leuchtenden Sanddünen, gehört zu den schönsten der Wüstenresorts des Landes und steht auch Nicht-Hotelgästen offen.

HAFEN
Kleinere Schiffe benutzen den RAK Khor Port an der Mündung des Creek nahe des Zentrums der Stadt

Das Emirat Ras al-Khaimah (▶ S. 68), das keine Ölvorkommen besitzt, lebt neben den Einkünften aus dem Tourismus auch vom Fischfang.

(www.khorport.ae). Größere Kreuzfahrtschiffe legen im Al Jeer Port rund 35 km nördlich der Stadt an der Grenze zu Oman an.

SEHENSWERTES

Historische Sehenswürdigkeiten gibt es in Ras al-Khaimah nur wenige, da der überwiegende Teil der aus Lehm errichteten Bauwerke nicht instand gehalten wurde, sondern im Laufe der Zeit zerfiel bzw. zerstört wurde. Gleichwohl gibt es einige empfehlenswerte Ausflüge und Touren, die mit der abgelegenen Schönheit und dem Wüstencharme der Gegend vertraut machen.

Al Jazirah al-Hamra

Einheimische begeben sich nur sehr ungern in das Dorf, früher eine Insel, heute nahe der Küste liegend, das bereits in den 1960er-Jahren verlassen wurde. Zahlreiche Häuser aus Korallenkalkstein, die meisten in Ruinen, stehen im hellen Sand, ein alter Festungsturm sowie die Überreste einer ehemaligen kleinen Moschee gehören ebenso dazu. Emiratis meiden diesen Ort, weil sie der Auffassung sind, dass der verlassene Ort ein Versammlungsplatz von Geistern ist, mit denen man besser nicht in Kontakt geraten sollte. Für Besucher aus dem Ausland ist der Ort der Vergangenheit wegen der alten Bauwerke hingegen interessant, denn diese bieten hübsche Fotomotive. Die Pläne der Regierung, hier ein Heritage Village zu errichten, stagnieren seit Jahren.

25 km südl. der Stadt Ras al-Khaimah

Dhayah Fort
Die beste Zeit für einen Ausflug zu der kleinen, auf einem Berg liegenden Festung, auf den Resten einer Anlage aus dem 16. Jh. errichtet und 1819 von den Briten zerstört, sind die späten Nachmittagsstunden. Am Fuß der Anlage liest man auf einer Tafel über die Bedeutung des Forts. Wenn man dann ganz oben angelangt ist, nachdem man die langen und steilen Treppenstufen erklommen hat (nahezu ein Fitness-Workout), kann man die ganze Erhabenheit der umgebenden kahlen Berge und den Blick zum Meer genießen. Die köstliche Stille wird nur unterbrochen, wenn der Abendruf des Muezzins ertönt. Dann erklingt der Gesang wie in einem natürlichen Amphitheater von den ungezählten Moscheen der Gegend. Zu Füßen des Forts liegt ein im arabischen Fantasiestil gestaltetes Rasthaus, mitunter breiten Einheimische ihre Teppiche auf dem Straßenboden davor aus, um zu beten. Achten Sie auf dem Weg zurück einmal auf die aufwendige Gestaltung der Eisentore, die die prächtigen Anwesen der

Emiratis umgeben – jedes Tor ein filigranes Kunstwerk!

Al Rams Road, 15 km nördl. der Stadt Ras al-Khaimah • Tel. 07 2 33 89 98 • tgl. 8–18 Uhr • Eintritt frei

Dhow Building Yard
In der historischen Dhauwerft der Stadt werden immer noch hölzerne Boote gebaut, von zumeist pakistanischen Gastarbeitern. Auf Besucher ist man zwar nicht immer eingerichtet, doch wenn man fragt, ob man ein Foto machen darf und ein Trinkgeld parat hält (5 Dh) sieht man freundliche Mienen.

Maarid Beach

Khatt Hot Springs
Die mineralhaltigen heißen Quellen von Khatt, umgeben von Palmen, sind ein kleines Naturwunder mitten in der Wüste. Mit über 40 Grad Celsius sprudelt das Heilwasser aus rund 30 m Tiefe. Für Besucher stehen drei Becken bereit, es gibt ein kleines Café, und darüber hinaus kann man sich im Anschluss an das Bad bei Massagen und einer klassischen Ayurveda-Behandlung verwöhnen lassen.

Khatt, Khatt Springs Road • Tel. 0 72 44 87 77 • tgl. 8–22 Uhr • 25 Dh

MUSEEN
Museum and Centre of the Navigator Ahmed Bin Majid
Hinter einer unscheinbaren Eisentür verbirgt sich das Museum, in das nur selten Besucher kommen. Ausgestellt ist ein interessantes Sammelsurium von Utensilien, die die Fischer und Seeleute bis vor wenigen Jahrzehnten für ihre Arbeit benötigten. Daneben gibt es auch die traditionellen Gerätschaften zu sehen, mit de-

nen noch heute gekocht wird und die in Ras al-Khaimah mitunter in den kleinen Läden im Souk verkauft werden: Teekannen aus Ton oder Plastik, gefertigt in Saudi-Arabien wie in China, aus Palmblättern geflochtene, primitive Haushaltswagen, Körbe zur Aufbewahrung von Datteln und Reis.
Al Mamourah Road • tgl 9–20 Uhr • Eintritt frei

National Museum of RAK
Nach wie vor der bedeutendste Ort, um die Vergangenheit und Kultur des Emirats kennenzulernen: Das Nationalmuseum ist untergebracht in einem der wenigen alten Gebäude des Scheichtums, nämlich dem ehemaligen Fort der Herrscherfamilie. Das ganz nach der üblichen baulichen Tradition der Region um einen Innenhof errichtete Bauwerk aus dem 18. Jh. wurde bis 1964 noch be-

wohnt. Heute beherbergen die kleinen, weitgehend fensterlosen und weiß gekalkten Räume liebevoll zusammengetragene Münzsammlungen, Ausgrabungsfunde und ethnografische Exponate. Besonders für Familien mit Schulkindern ist ein Besuch lohnend.
Old Fort, Al-Hisn Road (im Zentrum der Stadt Ras al-Khaimah) • Tel. 2 33 34 11 • www.ras-al-khaimah.eu • tgl. 10–17 Uhr • 5 Dh

STRAND
Der wohl schönste Strandabschnitt liegt vor dem Hilton Resort & Spa, breit und feinsandig. Beim Besuch der hoteleigenen Restaurants kann man anschließend am Strand entlangspazieren. Wenn man sich einen »day pass« an der Rezeption besorgt, stehen auch Liegen und Sonnenschirme zur Verfügung, und man darf die Poolanlage benutzen.

Historische Sehenswürdigkeiten hat Ras al-Khaimah wenige, sehenswert ist jedoch das auch Nicht-Hotelgästen zugängliche Luxushotel Banyan Tree al-Wadi (▶ S. 68).

ESSEN & TRINKEN
Lexington Grill
Zu Besuch bei der Hotellegende •
Seit der Eröffnung gehört der Ableger des legendären in New York gegründeten Luxushotels Waldorf Astoria zu den Sehenswürdigkeiten des
Emirats, die man aufgesucht haben
muss. Am besten, man verbindet einen Besuch des gewaltigen, an ein
Schloss erinnernden Bauwerks mit
der Einkehr in einem seiner edlen
Restaurants und Cafés. Kaffee und
Gebäck im Peackock Alley lohnen
nicht nur wegen der Patisserien einen Besuch, sondern auch, um die
Atmosphäre in dieser im Art-déco-
Stil ausgestatteten Lobby Lounge
zu genießen. Reservieren sollte man
im Steakrestaurant des Hotels, dem
Lexington Grill, das zweifellos zu
den besten Grillrestaurants der VAE
gehört. Hier serviert man Alaska
King Crab ebenso wie Black Angus

oder Wagyu Beef. Im Weinkeller
wartet eine große Auswahl an perfekt temperierten Weinen.
Waldorf Astoria Hotel, Vienna Street •
Tel. 2 03 55 55 • www.waldorf
astoria3.hilton.com • Di–So ab
19 Uhr • €€€€

Sands
Stilvolles Strandrestaurant • Man
reserviert einen Tisch und wird mit
dem hoteleigenen Boot vom Anleger
zum Privatstrand des Banyan Tree
Beach Hotels gebracht. Die im
Freien eingerichtete Cocktailbar
zaubert jeden gewünschten Pre-
Dinner Drink, anschließend genießt
man Fangfrisches aus dem Meer, gefolgt von einer Créme Brûlée und
einem Tässchen Mokka oder – lan-
destypisch – einer Shisha.
Banyan Tree Ras al-Khaimah Beach •
Al Jazirah Al Hamra • Tel. 2 06 77 77 •
www.banyantree.com • €€€

Der Ableger des New Yorker Hotels Waldorf Astoria in Ras al-Khaimah birgt in seinen Mauern den Lexington Grill (▸ S. 72), eines der besten Grillrestaurants der VAE.

Al Moohit Seafood Restaurant
Hummer vom Feinsten • Neben frischem Lobster schmecken besonders die üppigen Seafood-Platten mit Garnelen, Tintenfisch und fangfrischem Fisch. Dazu werden Salate, Houmous und Tabouleh serviert.
Al Qawasim Corniche • Tel. 05 06 77 83 30 • tgl. 12–23 Uhr • €€

Al Safina Indian Restaurant
Nordindische Spezialitäten • Die vielen aus Indien stammenden Besucher sind ein Zeichen dafür, dass man hier gute und original indische Küche serviert. Am besten, man bestellt mehrere Gerichte und bedient sich gemeinsam davon.
Oman Road, nähe Lantern R/A • Tel. 2 27 39 00 • www.alsafina-punjabi-house.com • tgl. 7–24 Uhr • €€

Al Afghan
Afghanische Küche • Lammfleisch, mariniert in Joghurt, bildet zusammen mit Auberginen, Tomaten und Zwiebeln den Hauptbestandteil köstlicher Spieße und Currys. Dazu wird ofenwarmes, knuspriges Fladenbrot serviert und sauer eingelegtes Gemüse gereicht. Zum Dessert muss es ein zuckersüßer Tee sein oder eine der indisch geprägten Nachspeisen.
Sheikh Mohammed Bin Salem Road, Sidroh (gegenüber der Adnoc-Tankstelle) • Tel. 07 23 31 0 47 • tgl. 11–1 Uhr • €

Green Valley
Spezialitäten aus Nordindien • Hier schmecken Sie, dass die indische Küche zu den besten der Welt gehört und kaum etwas kosten muss.
Dafan al-Khor, 27A Street, Ecke Mohammed Bin Salem Road • Tel. 0 72 36 31 66 • tgl. 6-23 Uhr • €

EINKAUFEN
RAK Mall
Die neuere, mit arabischen Stilelementen konstruierte Mall kann von Angebot und Ausstattung zwar nicht mit Dubai mithalten, bietet jedoch ein recht großes Angebot an Boutiquen und diverse Restaurants.
Khouzam Road (E11), Al Qurm • Tel. 2 07 03 00 • www.rak-mall.com • Sa–Mi 10–23, Fr, Sa bis 24 Uhr

AKTIVITÄTEN
Bedouin Dinner Night
Nach Sonnenuntergang wird der Ort in der Wüste zum Treffpunkt von Besuchern: auf dem Sand ausgebreitete Teppiche, Zelte und Sitzkissen, ein offenes Feuer. Man bedient sich vom Grill, es gibt Tee und Soft Drinks, man kann auf Kamelen reiten und sich die Hände mit Henna-Malereien verzieren lassen. Bauchtanz und Shisha gehören auch dazu.
Bedouin Oasis Camp, E11 exit 119 (nahe Banyan Tree al-Wadi Resort) • 190 Dh

Golf
Tower Links Golf Course bedeutet Abschlagen mit Blick auf die Hajarberge am Horizont. Der 18-Loch-, Par-72-Platz mit zahlreichen Fairway- und Grünbunkern, Doglegs und Wasserhindernissen ist umgeben von einem wasserreichen Mangroven- und Vogelschutzgebiet. Top: Die letzten neun Löcher können nach Sonnenuntergang bei Flutlicht gespielt werden. Die Greenfees sind hier deutlich günstiger als in Dubai. Mitunter stört die doch beachtliche Geräuschkulisse der nahen Straßen.
Al Khouzam Road, Al Qurm • Tel. 227 85 55 • www.towerlinks.ae • Greenfee 90–115 €

Ice Land Water Park
In der Wüste erscheinen Eis und Kälte besonders reizvoll, und so ist die Antarktis zum Themenvorbild dieses kleinen, etwas älteren Wasserparks geworden. Es gibt aus Fiberglas errichtete Gletscher zwischen Wasserrutschen und -fällen und einen durch die Anlage verlaufenden künstlichen Fluss, auf dem man sich in großen Schwimmringen treiben lässt. Mit Ausnahme von Wochenenden meist wenige Besucher.
Al Hamra Village, 20 km südl. der Stadt Ras al-Khaimah • www.iceland waterpark.com • tgl. 10–18 Uhr • 125 Dh, Kinder bis 1,20 m 75 Dh

Kamelrennen
10 km außerhalb der Stadt gibt es jeden Freitag- und Samstagmorgen Kamelrennen. Einheimische Männer und Gastarbeiter sind in der Regel unter sich, Besucherinnen sollten sich den Landessitten entsprechend kleiden. Es herrscht eine nette, freundliche Atmosphäre.
Camel Race Track, Digdagga • Okt.– April Fr, Sa ab 6.30 Uhr • Eintritt frei

Owl Experience
Nicht erst seitdem Hedwig, die Eule von Harry Potter, zum Liebling von Kindern und Jugendlichen avancierte, stehen Eulen hoch im Kurs. Im Banyan Tree dreht sich anderthalb Stunden alles um die Vögel mit den riesigen Augen. Warum die Tiere alles andere als klug sind und was man tun muss, damit sie auf der behandschuhten, ausgestreckten Hand landen, erfährt man hier. Ungewöhnliche Selfies mit Eulen sind garantiert.
Banyan Tree al-Wadi, E11 exit 119 • tgl. 16 Uhr

Rainshower Experience
Hydrotherapie auf die Spitze getrieben: Im Halbdunkel des außergewöhnlichen Spas im Wüstenresort Banyan Tree al-Wadi ist man umgeben von den Geräuschen des Regenwaldes, man hört Frösche und leises Vogelzwitschern. Passiert werden Duschen, die mit Licht- und Soundeffekten tropische Gewitter wie arktischen Nebelregen zaubern; es folgen Spa-Erlebnisse wie »Bucket Drench Shower«, ein Besuch in der »Brine Cavern« mit Meeressalz und Dampf, gefolgt vom Aufenthalt im orientalischen Hammam und einem Solebad für die Füße. Nach Sauna, diversen Regenschauern etc. genießt man abschließend im Vitality Pool Hydromassage von Nacken, Füßen und Oberkörper. Himmlisch!
Banyan Tree al-Wadi • Tel. 206 77 77 • tgl. 9–20 Uhr • nur mit Reservierung, E-mail: spa-alwadi@banyantree. com • Zutritt ab 18 Jahren • ab 250 Dh (ca. 60 Min.)

Reiten in der Wüste
Abgestimmt auf das reiterliche Vermögen werden die Pferde, darunter auch schnelle und sensible arabische Vollblüter, zugeteilt. Dann kann das Vergnügen beginnen. Lange Hosen und feste Schuhe sind unabdingbar für Ihren Ausritt durch die Wüste.
RAK Country Club, Al Mazraa, Wadi Khadija, beim Banyan Tree al-Wadi Desert Resort • Tel. 0 56 706 48 84

Ultraleicht über der Wüste
Mit dem Gyrocopter (Minihubschrauber mit offenem Cockpit) können Sie sich die Wüste einmal von oben anschauen. Ein aufregendes Erlebnis, das u. a. zahlreiche gute Luftaufnahmen verspricht.

Nicht nur für Kinder: Spannende Erkenntnisse und eindrucksvolle Erlebnisse bietet das Owl Experience (▶ S. 74), eine Vogelschau im Hotel Banyan Tree al-Wadi.

Jazirah Aviation Club, Jazirah Airport • Tel. 244 64 16 • www.jac-uae.net • tgl. außer So • 500 Dh (30 Min.)

Wasserflugzeug nach Dubai
Gestartet wird das Abenteuer in den Lüften am Hotel Double Tree by Hilton auf Marjan Island. Nach einem Rundflug über Ras al-Khaimah und seine Sehenswürdigkeiten geht es über die Emirate Umm al-Qaiwain, Ajman und Sharjah nach Dubai, dessen Highlights aus der Luft aufregend aussehen. Nach 45 Minu-

ten Flug landet das neunsitzige Flugzeug dann auf dem Dubai Creek beim Dubai Creek Golf & Yacht Club. Mit dem Kleinbus geht es zurück nach Ras al-Khaimah.
Seawings, Double Tree by Hilton, Al-Marjan Island • Tel. 0 48 07 07 08 • www.seawings.ae • 1245 Dh, Kinder 1100 Dh

SERVICE
Ras al-Khaimah Tourism
Tel. 233 89 98 • www.rasalkhaimah tourism.com

Kunst in den Emiraten

Arabische Künstler kommen nach Dubai, eröffnen Ateliers und Galerien, Jean Nouvel baut einen arabischen Louvre in Abu Dhabi: Die Kunst boomt in den Emiraten.

Die »Insel der Glückseligen«, nämlich Saadiyat Island bei Abu Dhabi-Stadt, ist nicht nur die Adresse für die schönsten Strandhotels des Emirats, sondern auch Ort neuer, aufsehenerregender Museen. Spektakulär ist der Louvre Abu Dhabi, derzeit das berühmteste Kunstmuseum der Region, ein »Muss« für jeden Besucher. Das Manarat al-Saadiyat (»Ort der Erleuchtung«) ist ein Besucherzentrum im Saadiyat Cultural District und beherbergt gleich drei Kunstgalerien, das interaktive Zentrum Saadiyat Experience, in dem die Entwicklung der Kunstszene Abu Dhabi gezeigt wird, und den Artyfact Store, in dem Kunst und Kunstgewerbe angeboten werden. Der von Foster & Partners für die Weltausstellung Expo 2010 in Shanghai entworfene UAE Pavilion in Dünenform, ebenfalls ein eigenwilliges Kunstobjekt, wurde in der Nähe des Manarat al-Saadiyat neu aufgebaut und ist heute der Ort für spannende, häufig wechselnde Kunstausstellungen.

Blick in die Kunstszene

Seit einigen Jahren entwickelt sich Dubai zur bevorzugten Adresse von Künstlern aus der arabischen Welt, die hier optimale Arbeitsbedingungen finden und Galerien eröffnen bzw. ausstellen. Die Art Season von März bis April ist Kunstinteres-

◄ Kunstinteressierte Besucherinnen
auf der Art Dubai (► S. 77).

sierten das Highlight des Jahres:
Zwei Monate lang gibt es kunstbe-
zogene Events wie das Outdoor Art
Project, Ausstellungen, Messen wie
die Sikka Art Fair, die Design Days
und Art Dubai, bedeutendste Kunst-
messe für zeitgenössische Kunst im
Nahen Osten. Heute stehen regio-
nale Galeristen mit arabischen
Künstlern im Vordergrund. Um die
90 Galerien präsentieren auf der
Art Dubai jährlich zeitgenössische
und avantgardistische Malereien,
Zeichnungen, Fotografien, Skulpturen und Video-Installationen (www.
dubaiculture.gov.ae).

Das kleine Emirat Sharjah steht
schon lange für Kunst in histori-
schem Umfeld und ist unbestritten
ein Kunstzentrum von überregiona-
ler Bedeutung. Hier sind es vor allem
Museen, in denen man sich mit islamischer wie mit moderner arabischer Kunst auseinandersetzen
kann. Das Sharjah Art Museum &
Contemporary Arab Art bietet auf
mehreren Etagen eine umfangreiche
Ausstellung moderner und zeitge-
nössischer arabischer Kunst, während das Sharjah Calligraphy Museum ganz der traditionsreichen
Kunst des Schönschreibens von Ko-
ranversen gewidmet ist.

Das Sharjah Arts Centre liegt im
dreistöckigen Bait al-Serkal, einst
Sitz des britischen Regierungsvertre-
ters und später ein Hospital. Hier
finden sich diverse Galerien und
Werkstätten von Künstlern. Ein Arts
Café lädt zu einer Pause ein.

Die Sharjah Art Foundation veranstaltet das ganze Jahr über Kunstausstellungen, Näheres findet man
unter www.sharjahart.org. Alle zwei
Jahre veranstaltet sie die prestige-
trächtige, in Fachkreisen überregio-
nal bekannte Sharjah Biennale (SB),
auf der sich mehr als 50 Künstler aus
25 Ländern präsentieren. Die Ausstellungen sind in mehreren Kunst-
gebäuden des Emirats zu sehen, die
prächtig hergerichtet und illumi-
niert werden.

Situation der Künstler

Bislang fehlen in den Vereinigten
Arabischen Emiraten ebenso wie in
Qatar und Bahrain Kunstakade-
mien, die das Interesse der einheimischen Bevölkerung wecken und an
Kunst interessierte junge Menschen
ausbilden könnten. Ausländische
Künstler, die in der Region leben
wollen, treffen auf (besonders in
Dubai) überaus hohe Mietkosten.
Für wenig arrivierte Künstler in den
Anfangsjahren ist es mitunter kaum
möglich, hier zu leben, zu experi-
mentieren und sich die teuer gewor-
denen Metropolen zu leisten. In Dubai, der teuersten Stadt der Region,
gibt es jedoch auch erfreuliche Entwicklungen: In dem auf den ersten
Blick wenig attraktiv erscheinenden
Industriegebiet Al Quoz etablierte
sich eine breite (alternative) Kunstszene. Im sog. Alserkal Avenue Arts
District und seiner Umgebung wurden Fabrikgebäude und Lagerhallen
in Kunstgalerien, Kunstwerkstätten
und Design Studios umgewandelt
Entstanden sind günstige Werkstätten und Galerien: teilweise um
die acht Meter hohe Decken und
Flächen von rund 100 qm, selbst er-
folgreiche Londoner Kunsthändler
schwärmen von den fantastischen
Ausstellungsbedingungen, die hier
geschaffen wurden.

Qatar

Auf der kleinen Halbinsel leben die Qataris zwischen
Moscheen und Hochhäusern in ultramoderner Architektur –
für westliche Besucher eine ungewöhnliche Mischung.

◄ Wolkenkratzer und Hochhäuser säumen die weit geschwungene West Bay in Doha (▶ S. 79).

Das Emirat Qatar– etwa halb so groß wie das Bundesland Hessen – ist nach dem Pro-Kopf-Einkommen der Bevölkerung das reichste Land der Erde. Öl und vor allen Dingen Erdgas sichern den Wohlstand des noch jungen Staates. Die gewaltigen Einnahmen garantieren den hohen Lebensstandard der Qataris und erlauben es, dass Hamad Bin Khalifa al-Thani, der Emir von Qatar, aus dem Vollen schöpfen kann, wenn es darum geht, den Wüstenstaat durch aufsehenerregende architektonische Prestigeprojekte bekannt zu machen. Qatar setzt auf hochpreisigen Qualitätstourismus – die Konzepte, die gegenwärtig in der Hauptstadt Doha realisiert werden, zeigen dies ganz deutlich. Und: Qatar ist erfolgsverwöhnt. Die Entwicklung seiner nationalen Fluggesellschaft Qatar Airways zur weltweit renommierten Fluglinie lässt erkennen, dass das kleine Land mit einem Ausländeranteil von etwa 80 % auf Expansionskurs ausgerichtet ist.

Qatar, das an vielen Stellen der Hauptstadt einer Megabaustelle gleicht, verändert sich äußerlich sehr schnell, doch nach wie vor gilt: Wenn der Muezzin zum Gebet ruft, leeren sich die Gassen in den Souks und die Geschäfte in den Shoppingmalls. Nicht anders als vor 100 Jahren strömen die Menschen zum Gebet in die Moschee.

2010 erhielt Qatar den Zuschlag für die Ausrichtung der Fußballweltmeisterschaft 2022, und zwar wie immer im Sommer, bei über 40 und bis zu 50 Grad im Schatten. Wie es zu dieser Entscheidung kommen konnte, bleibt weiterhin unklar, doch hat der Staat bereits damit begonnen, acht neue Fußballstadien zu konstruieren, die man wieder abbauen, zusammenlegen und nach der Weltmeisterschaft an arme islamische Länder in Afrika verschenken kann; Stadien, die gekühlt werden können und auf diese Weise Spiele bei angenehmen 25 Grad Celsius erlauben. Auch die (Verkehrs-) Infrastruktur wird hergestellt, es werden eine Doha Metro und eine Light Railway (eine Art Straßenbahn) gebaut, damit die Zuschauer nach dem Spiel schnell ins klimagekühlte Hotel zurückgelangen, denn bislang gibt es im ganzen Land nur eine Taxifirma mit wenigen Autos, auf die man unter Umständen sehr lange wartet.

Doha

950 000 Einwohner
Stadtplan ▶ S. 148/149

Hochhäuser und Wolkenkratzer von edelster Architektur entlang der weit geschwungenen Bucht, eher schlichte Siedlungen aus Beton, in denen die Gastarbeiter aus Indien und Pakistan wohnen, ein neu erbautes arabisches Stadtviertel mit Straßencafés und typisch islamischer Architektur – Doha ist gekennzeichnet durch unterschiedliche Architekturstile und verbindet wie kaum eine andere Metropole Widersprüchliches. Besucher verführt die Stadt zum Staunen, denn hier wird man Zeuge, wie Doha sich in atemberaubendem Tempo vom Wüstendorf zur edelsten Perle der Arabischen Halbinsel entwickelt. Den Startschuss markierte die Eröffnung des Museum of Islamic Art –

ein spektakulärer Bau, entworfen von dem chinesisch-amerikanischen Architekten Ieoh Ming Pei, Schöpfer der Glaspyramide des Louvre, und angefüllt mit Kunstschätzen, die Saud al-Thani, ein Cousin des Emirs, auf Auktionen in der ganzen Welt für eine Summe von über 2 Mrd. US-Dollar erwarb.

 FotoTipp

DER BESTE BLICK

Einen exzellenten Blick auf das von I. M. Pei entworfene Gebäude des Museum of Islamic Art haben Sie, wenn Sie sich vor dem Damm, der zum Museum führt, vom Taxi absetzen lassen und zu Fuß hinübergehen. Zwischen den Palmenreihen gibt es immer eine Lücke, um die faszinierende Architektur einzufangen. ▶ S. 80

HAFEN

Der größte Hafen des Landes (Doha Port) liegt im Süden der Bucht von Doha, nahe der Corniche, und verfügt über einen Pier für Kreuzfahrtschiffe. Ein neuer Hafen mit einem eigenen Cruise Ship Terminal soll Ende 2016 fertig sein.

SEHENSWERTES

The Pearl ▶ S. 148, nordöstl. A 1
Qatars Version eines Island Retreat: Die teuerste Wohnadresse in Qatar lautet seit 2010 The Pearl – beim ersten Megaprojekt des Emirats investierte man geschätzte 20 Mrd. US-Dollar. Die 400 ha große künstliche Insel sieht durch ihre Buchten und Jachthäfen aus wie eine ganze Kette von Inseln. Tatsächlich soll sie an nebeneinander liegende Austern

erinnern – Symbol für den ersten Reichtum des Landes, als Doha als Perlenzentrum von sich reden machte. Gleich vier große Jachthäfen, Fünf-Sterne-Hotels, Häuser und Villen, Luxusapartments mit Zugang zum eigenen Bootsanlegeplatz sollen Qatar zur Lieblingsadresse der VIPs aus aller Welt machen. Ganz nach Gusto wählen die Käufer den Stil ihrer Immobilie: Soll es ein toskanisch geprägtes Landhaus, eine Villa mit provenzalischen oder lieber katalanischen Stilelementen sein? Ausländer, die hier kaufen, erhalten Wohnrecht auf Lebenszeit und – ebenso wichtig – einen gültigen Grundbucheintrag. Dass die Luxuswelt zwar ohne jeglichen Makel anderer Nobeldestinationen auskommt, aber auch noch reichlich steril wirkt, davon kann man sich bei einem Bummel entlang von Porto Arabia selbst überzeugen. Die edel gepflasterten Plätze, der La Croisette Boulevard und die Boutiquen von Missoni bis Hermès sind weitgehend leer, auch den Restaurants fehlt noch ein lebendiges Ambiente. Ein Besuch ist dennoch interessant, schon um sich selbst davon zu überzeugen, in welchem Megamaßstab in diesem Land gebaut und ein ganzes Traumziel erfunden wird. 15 km nordöstl. von Doha • www.the pearlqatar.com

MUSEEN

⭐ **Museum of Islamic Art**
▶ S. 149, D 1
Mit der gewaltigen Ausstellungsfläche von 45 000 qm ist das Museum of Islamic Art das größte islamische Museum der Welt und überdies Dohas bedeutendste Sehenswürdigkeit. Mehrere Male, so

heißt es, habe der Emir seinen Lieblingsarchitekten, den weltberühmten I. M. Pei, dazu anhalten müssen, ein Kunstmuseum für sein Land zu entwerfen. Als der damals 91-jährige Star-Architekt zustimmte, war das mit dem Wunsch verknüpft, dass in Doha zuvor eine künstliche Insel geschaffen würde, um den richtigen Rahmen für den Museumsbau zu gewährleisten. Während man in Doha die Voraussetzungen und vor der Corniche eine über eine Palmenallee zu erreichende Insel schuf, ließ sich I. M. Pei auf Reisen durch Arabien und Indien von der islamischen Baukunst inspirieren. Sein Entwurf ist verblüffend: Das fünfstöckige Bauwerk aus muschelfarbenem Kalkstein mit seiner geraden, mehrstufigen Fassade lässt Betrachter an eine moderne Burg denken. Bei genauerer Betrachtung sieht man große, dunkel leuchtende Licht-

schlitze im obersten Quader des Bauwerkes, die nach Interpretation der Qataris das Gesicht einer verschleierten Araberin andeuten. Im Museumsinneren, das von Jean-Michel Wilmotte stammt, mit dem Pei bereits am Pariser Louvre zusammengearbeitet hat, offenbart der Bau seine orientalisch-islamischen Wurzeln durch sternförmige Intarsien im Fußboden sowie Kuppeldecken. Einen großen Überraschungseffekt bietet die facettierte Stahlkuppel, die sich unter dem äußerlich sichtbaren Quader verbirgt und in der sich das Sonnenlicht bricht. Beeindruckend ist der Blick durch ein gewaltiges, 45 m hohes Glasfenster an der Nordseite des Bauwerkes auf Bucht und Skyline von Doha. Die Exponate, die aus 13 Jahrhunderten stammen, verteilen sich auf allen Ebenen des fünfstöckigen Gebäudes. Ebenfalls un-

Über eine Brücke oder mit dem Boot gelangt man hinüber zu Dohas Nobelwohnadresse The Pearl (▶ S. 80), eine Kette künstlicher Inseln.

gewöhnlich: Die angeleuchteten Kunstschätze sind in Vitrinen in nachtschwarzen Sälen ausgestellt.

Am besten, man startet eine Besichtigung im zweiten Stock, der den unterschiedlichen Aspekten der »Sprache des Islam« gewidmet ist. In dem »Gallery 1« genannten Saal sind Exponate zu sehen, die einen Einblick geben in das Kunstschaffen der arabischen Welt, eine Epoche von über einem Jahrtausend umfassen und geografisch zwischen Spanien und Indien angesiedelt sind. Weitere Galleries sind u. a. der Kalligrafie gewidmet und zeigen die im Islam hoch geschätzte, auch als spirituelle Kunst gewürdigte Fähigkeit, Verse aus dem Koran künstlerisch verfremdet zu Papier zu bringen. In eine Welt geometrischer Muster, stilisierter Blüten und Ranken, Arabesken und Bögen tritt man ein im Saal 7. Die dritte Ebene des Museums nimmt den Besucher mit auf eine Reise nach Ägypten und Syrien, in die Türkei und Indien, Iran, nach China und in die Mongolei, Länder, die in früheren Jahrhunderten Zentren islamischer Kunst waren.

Leiterin des Museums ist die 1983 geborene Tochter des Herrschers, Sheikha Al-Mayassa bint Hamad bin Khalifa Al-Thani. Sie studierte an Elite-Universitäten in den USA und Frankreich und hat den Ehrgeiz, das Museum of Islamic Art als eines der besten Museen weltweit zu etablieren, sicherlich kein allzu fernes Ziel. Im Museumsshop erhältlich sind mehrere kostbare Bildbände, produziert von einem auf Kunstbücher spezialisierten deutschen Verlag.

Doha Corniche • www.qma.com.qa • So, Mo, Mi 10.30–17.30, Do 12–20 Uhr • Eintritt frei

National Museum Qatar ▶ S. 149, F 2

Eine vorzügliche Adresse für das erste Museum des Staates: Im ehemaligen, zu Beginn des 20. Jh. erbauten Palast des Emirs wird an die Wurzeln der arabischen Kultur erinnert und der Besucher auf anschauliche und interessante Weise mit alten Gebräuchen und Lebensweisen vertraut gemacht. Wie auch in den anderen arabischen Ländern florierte in Qatar einst die Perlentaucherei und sicherte den Händlern ein beträchtliches Auskommen. Getaucht wurde mit Gewichten an den Füßen und einer Klammer auf der Nase, und obwohl die Tauchgänge ohne Sauerstoffzufuhr stattfanden, waren sie von beachtlicher Länge. Neben den Taucheranzügen zeigt das Museum Waagen und andere Instrumente, mit denen der Wert der auf dem Meeresgrund geborgenen Perlen bemessen wurde. Silberschmuck und die einst typische Bekleidung der Beduinen werden in der Sammlung ebenso ausgestellt wie historische Waffen und Fotos, die sehr anschaulich die Entwicklung des Staates aufzeigen.

Al-Muthaf Street/Corniche • zurzeit wegen umfangreicher Erweiterung geschl., Wiedereröffnung für Anfang 2017 geplant

SPAZIERGANG

Stadtplan ▶ S. 148/149

Die Anlegestelle der Kreuzfahrtschiffe ermöglicht einen wunderschönen Bummel entlang der **Doha Corniche**, der halbkreisförmigen Bucht. Zunächst entdeckt man das auffällige **Museum of Islamic Art** ⭐, das sich in weißen Kuben auf einer eigens gebauten kleinen Insel erhebt. Nur eine Querstraße

Für die Schätze des Museum of Islamic Art (▸ MERIAN TopTen, S. 80) in Doha wurde eigens eine Insel aufgeschüttet und Star-Architekt I. M. Pei engagiert.

weiter südlich stößt man auf einen der schönsten Souks auf der Arabischen Halbinsel, den **Souq al-Waqif** (▸ MERIAN Tipp, S. 86). In den Gassen und Cafés kann man leicht einen ganzen Vormittag verbringen. Zurück auf der Corniche nähert man sich bald dem kleinen **Dhau-Hafen**. Kurz darauf gelangt man zu einem großen Gebäude von palastartigen Ausmaßen, unmittelbar am Wasser gelegen, dem sogenannten Balhambar Building. Dort befindet sich **Al-Mourjan** (▸ MERIAN Tipp, S. 84), Dohas berühmtestes Restaurant mit traditioneller Küche.
Dauer: 1,5 Std.

ESSEN UND TRINKEN
Al-Dana ▸ S. 149, östl. F2
Ein arabisches Dorf • Das von Ritz Carlton betriebene Hotel Sharq Village & Spa genießt mit seiner arabischen Architektur und Ausstattung sowie den ausgesuchten Antiquitäten aus der Region den Rang einer Sehenswürdigkeit. Auch die Gastronomie ist erlesen: Das Fisch- und Meeresfrüchterestaurant Al-Dana ist besonders beliebt. Hier schöpft man aus mediterranen und asiatischen Kochtraditionen. Lachs beispielsweise kann mit Ingwer, Koriander und Soya oder mit Rosmarin und Knoblauch zubereitet werden.
Sharq Village & Spa, Corniche, Ras Abu Aboud Street • Tel. 44 25 66 66 • www.sharqvillage.com • tgl. 18–23 Uhr • €€€€

The Grill ▸ S. 148, nordöstl. A1
Offene Küche • Dohas bestes Steakrestaurant, untergebracht im neuen Grand Hyatt Doha, einer edlen Luxusherberge, die arabische Elemente mit modernen mischt, wirbt mit »Flame, Flavour und Flair«. Für Flamme stehen die Holzkohlengrills

der offenen Showküche, auf denen die Fleischspezialitäten zubereitet werden. Und die Atmosphäre, das Flair des Restaurants, kommt in der Stadt so gut an, dass man einen Tisch im Voraus reservieren muss.
West Bay Lagoon • Tel. 44 48 12 34 • www.doha.grand.hyatt.com • tgl. 8–23.30 Uhr • €€€€

RESTAURANT AL-MOURJAN
▶ S. 148, östl. A 1

Von der »New York Times« hoch gelobt und bedacht mit zahlreichen Auszeichnungen als bestes Restaurant der Stadt: In fantastischer Lage an der Bucht von Doha und mit Blick auf die himmelragenden Hochhäuser der Stadt, die nach Einbruch der Dunkelheit einem Lichtermeer gleicht, kocht man im Al-Mourjan für Prominente und Staatsoberhäupter. Auch Normalsterbliche, für die kein VIP-Dinner gebucht wird, genießen auf der großen Terrasse über dem Meer die kosmopolitische Atmosphäre und bestellen aus einem großen Angebot traditioneller arabisch-libanesischer Speisen. Das Innere des Restaurants besticht durch weißes Mobiliar und arabische Holzbalkendecken. Ein Ableger des Al-Mourjan befindet sich im Souq al-Waqif.
Doha, Doha Corniche • Tel. 44 83 44 23 • www.almourjan.com • tgl. 12.30–1 Uhr • €€€

Café Tasse ▶ S. 148, C 2
Mitten im Souk • Latte Macchiato, Espresso und noch vieles mehr aus Bella Italia offeriert das Straßen-café im stimmungsvollen Distrikt um den historischen Souq al-Waqif seinen Gästen. Zum Lunch treffen sich hier Qataris und Expatriates, denn die Preise sind klein und die Atmosphäre groß.
Souq al-Waqif • Tel. 44 44 70 17 • tgl. 8–24 Uhr • €€

Ritz Carlton Lobby Lounge
▶ S. 148, nordöstl. A1

Sehen und gesehen werden • Ein fester Termin im Tagesablauf ist der Five o'clock Tea im eleganten Ambiente der Lobby Lounge von Dohas Ritz-Carlton-Hotel für viele europäische Expatriates. Bei Earl Grey Tea aus Silberkannen, Cremetörtchen und Lachshäppchen, englischen Scones, Erdbeermarmelade und Sahne werden Neuigkeiten aus dem Emirat erörtert und die distinguierte, anheimelnde Atmosphäre des makellos geführten Hotels genossen. Wer es exotischer mag, bestellt den Middle East Afternoon Tea mit arabischen Süßigkeiten und kalten Vorspeisen sowie Pfefferminztee. Für unaufdringliche Hintergrundmusik sorgt ein Pianospieler. Um die Weihnachtszeit erfreuen sich alle an einer gewaltigen geschmückten Tanne und einem großen Lebkuchenhaus.
West Bay Lagoon (nördl. von Doha auf einer künstlichen Insel gelegen) • Tel. 44 84 80 00 • www.ritzcarlton.com • tgl. 14.30–17.30 Uhr • €€

EINKAUFEN
Porto Arabia ▶ S. 148, nordöstl. A 1
Schuhe von Jimmy Choo, Strickwaren von Max Mara, Abendgarderobe von Ferre und Badeanzüge von Moschino, die neue Kollektion von Stella McCartney, Geschirr von Pui-

forcat und Hermès, Juwelierläden und Limousinen von Rolls Royce – die Dutzenden von Boutiquen gehören zu den teuersten Geschäften des Landes und liegen in Porto Arabia, einem Jachthafen von The Pearl. Neben Luxus-Shopping garantieren sie ein exklusives, spektakuläres Ambiente, nämlich an der neuen, 2,5 km langen Marina und mit Blick über das Meer und das gigantische Bauprojekt der künstlichen, vor der Küste liegenden Inseln, Dohas milliardenschwerem Prestigeobjekt.

The Pearl (15 km nordöstl. von Doha) • www.thepearlqatar.com

Villagio Mall ▸ S.148, südwestl. A7

Dohas schickste Mall mit rund 200 Geschäften will ihren Besuchern einen Hauch von Bella Italia bieten: So durchziehen von Gondeln befahrene Wasserwege das Bauwerk, künstliche Fassaden venezianischer Paläste, Straßenlaternen und Piazzas tragen zur Atmosphäre bei. Neben einem Bereich, in dem günstigere Geschäfte und ein (Fast-)Food Court liegen, geht es in anderen Bereichen deutlich stylisher zu: Hier gibt es edle Boutiquen von Gucci, Louis Vuitton und Tod's, einem italienischen Schuh-Label, bestellen verschleierte Frauen Apfelpasteten und Café au Lait in Boulangerien. Ein Ableger des in New York ansässigen Feinkostladens Dean & DeLucca verwöhnt mit aus Italien und Frankreich eingeflogenen Köstlichkeiten, die an Ort und Stelle verzehrt werden können, und verkauft Bio-Tees aus Österreich ebenso wie Trüffelnudeln aus Parma – kein Wunsch bleibt unerfüllt.

Al-Azizyah • www.villagioqatar.com • So–Mi 9–22, Do, Sa 9–23, Fr 9–11, 12.30–23 Uhr

Kleinvenedig in Doha: Die Villagio Mall (▸ S. 85), die schickste Einkaufsadresse in Qatars Hauptstadt, ist von der Lagunenstadt inspiriert.

⭐ **8** **MERIAN Tipp**

SOUQ AL-WAQIF ▶ S. 148, C 2

Rund um den alten, aus dem frühen 20. Jh. stammenden Souq al-Waqif liegen heute enge, autofreie und gepflasterte Gassen und Straßen, die flankiert werden von hohen Bauwerken im Stile alter Handelshäuser, mit aufgesetzten Windtürmchen, Bogengängen und Verzierungen aus Muschelkalk. Männer in weißen Dishdashas, dem traditionellen Männergewand, sitzen auf wackeligen Stühlen vor den Eingängen, trinken Tee, rauchen Wasserpfeife, reden und unterhalten sich mit Brettspielen. Da im Souk kaum etwas alt oder gar historisch ist, bewundert man verblüfft das Können, alte Bauformen wieder zum Leben zu erwecken. Vom frühen Morgen bis spät in die Nacht sind die Straßen hier erfüllt von Leben, sowohl Qataris wie auch Besucher treffen sich in den vielen Straßencafés, Kaffeehäusern und libanesischen, indischen, marokkanischen, italienischen und natürlich Qatari-Restaurants, die hier nebeneinanderliegen.

Doha, Al-Jasra (westl. der Grand Hamad Street zw. Musherib Street und Al Rayyan Road)

AM ABEND

In Qatar herrscht Alkoholverbot, nur internationale Hotels verfügen über Lizenzen und dürfen an Ausländer Alkohol ausschenken. Diskotheken und Clubs für westliche Ansprüche gibt es kaum. Treffpunkte von westlichen Besuchern sind deshalb am Abend die Bars der Luxushotels **Ritz Carlton** und **Four**

Seasons. Besonders schön ist die Dachbar im Sharq Village. Man nimmt Platz auf Sitzkissen in privaten Separees, es duftet angenehm nach aromatisierten Wasserpfeifen, und Beleuchtung und Ambiente sind romantisch-orientalisch.

Dinner Cruise

Umsteigen vom Kreuzfahrtschiff auf eine der arabischen Dhaus: Seefahrer lieben die etwas andere Atmosphäre auf den historischen Kähnen, die sehr viel arabische Patina und orientalisches Flair bieten. Dabei steht das dargebotene Dinner (Buffet) nicht an erster Stelle, wohl aber die Tour entlang Dohas Corniche und die Fahrt vorbei an vielen kleinen unbewohnten Inseln und den neuen, im Bau befindlichen Megaprojekten.

Dhow Pier (etwa in der Mitte der Doha Bay) • Abfahrt tgl. zw. 19 und 20 Uhr, Dauer 3–4 Std.

SERVICE
AUSKUNFT
Qatar Tourism Authority
▶ S. 148, westl. A 1
Doha Exhibitions Centre, Lusail Street, West Bay • Tel. 44 99 74 99 • www.qatartourism.gov.qa

Ausflüge
◎ **Al-Khor**
35 000 Einwohner
An historischer Stelle, nämlich dort, wo Archäologen Pfeilspitzen und Scherben fanden, die sie auf das 5. Jh. v. Chr. datierten, liegt der Fischereihafen Al-Khor. Eine Tour in die Küstenstadt vermittelt eine weitere Facette vom Leben in Qatar. Bis zur Gründung des Staates wurde Al-Khor vom Stamm Al-Mohanadi,

Wer orientalisches Markttreiben sucht, sollte den Souq al-Waqif in Doha (▸ MERIAN Tipp, S. 86) und die engen Gassen und Straßen rund um den Markt aufsuchen.

der sich aus sieben Beduinenfamilien zusammensetzt, regiert. Auch heute noch leben die Nachkommen der Al-Mohanadi in Al-Khor und prägen das wirtschaftliche und soziale Leben. Viele der Einwohner arbeiten als Techniker auf den nahen Öl- und Gasfeldern und sind in der Ras Laffan Industrial City beschäftigt. Das Al-Sultan Beach Hotel ist eines der wenigen außerhalb von Doha liegenden Mittelklassehotels. Hier verbringen viele Einheimische und aus Europa stammende Expatri-

ates gerne das Wochenende, um Meer und Strand zu genießen. In der Blue Brasserie können auch Nicht-Hotelgäste auf einen Kaffee einkehren und anschließend einen Spaziergang am Meer unternehmen. Eine reizvolle Erfahrung ist es auch, in einem der kleinen indischen oder pakistanischen Lokale einzukehren, die vor allem von asiatischen Gastarbeitern besucht werden und wo Touristen, da ein eher seltener Anblick, überaus freundlich begrüßt werden. Das Essen schmeckt in der

Regel köstlich, der heiße und süße Tee (Chai) kostet nur wenige Cent.
50 km nördl. von Doha

◎ Katara Cultural Village

Zu einer der touristischen Hauptattraktionen der Stadt entwickelte sich die Katara Cultural Village. Auf ei-ner Fläche von etwa 3 qkm wurden Dorfhäuser mit Windtürmen im alten Stil errichtet, die heute Galerien, Theater und Restaurants beherbergen. In Kooperation mit arabischen und westlichen Ländern finden ganzjährig Vernissagen, Kunst- und Fotoausstellungen ebenso wie Vorträge zu kulturellen, religiösen und philosophischen Themen statt. In einem großen Amphitheater werden in den Wintermonaten regelmäßig kulturelle Veranstaltungen meist kostenfrei angeboten, während der Ramadan-Monate finden hier bis spät in die Nacht musikalische Darbietungen statt. Al-Katara, genannt nach dem alten Namen des Emirats, grenzt an einen 1,5 km langen Strand, bei Qataris und westlichen Expatriates außerordentlich beliebt. Bunte Sonnenschirme und Liegen (für wenige Rial zu mieten) zaubern unbeschwerte Strandatmosphäre, und in den nebenan liegenden Kiosken kann man sich mit Getränken versorgen. Wasserski oder eine Fahrt mit dem Schnellboot gehören zu den Top-Vergnügungen.
Al Katara, West Bay Lagoon Area •
www.katara.net
11 km nördl. von Doha

◎ Khor Al-Udaid

Dohas schönstes Ausflugsziel befindet sich in der Wüste: Inmitten von hoch aufragenden, je nach Tageszeit und Sonnenstand strahlend weiß, gelb oder rot bis orange leuchtenden Sanddünen liegt ein einmaliges Naturwunder, ein Salzwassersee (Inland Sea) mitten im Landesinneren nahe der Grenze zu Saudi-Arabien. Die Erklärung für das ungewöhnliche Schauspiel ist ein sich 20 km in die Wüste hineinziehender Meeresarm, eine gewaltige tiefblaue Lagune, die Lebensraum für zahlreiche Wasservögel und Meerestiere darstellt. Besonders in den Frühlings- und Herbstmonaten beobachten Ornithologen an der Lagune zahlreiche, auch seltene Zugvogelarten. Wegen der bemerkenswerten geologischen und geomorphologischen Eigenschaften wurde Khor Al-Udaid im Jahre 2008 für die Aufnahme in die Welterbeliste der UNESCO vorgeschlagen.
Leider kann man mitunter, besonders an Wochenenden, die Natur nicht so recht genießen, da die Motorengeräusche vieler Offroadfahrer, die mit hohem Tempo die bis zu 60 m hohen Dünen hinauf- und wieder hinunterjagen, die Ruhe doch erheblich stören. Ein umweltfreundliches und leises Vergnügen ist hingegen das Sand Dune Skiing – mit einem Mono-Ski unter den Füßen wedeln sportliche Naturen die Sanddünen hinunter.
Zur Khor Al-Udaid Lagune gelangt man nur mit Vierradantrieb. Beim Sealine Beach Resort halten die Fahrer an, um etwas Luft aus den Reifen abzulassen. Währenddessen kann man einen Ritt auf einem der für Touristen bereitgestellten Kamele unternehmen oder, wenn man genügend Zeit hat, auch mit einem Quad über den Sand flitzen.
90 km südl. von Doha

Erlesene Ziele

Auf den Spuren berühmter Persönlichkeiten

Jede großartige Metropole wird in erster Linie von den Menschen geprägt, die dort leben und arbeiten. Entdecken Sie mit **MERIAN** *porträts* aufregende Städte ganz neu und begeben Sie sich auf die Spuren berühmter Persönlichkeiten!

MERIAN
Die Lust am Reisen

Bahrain

Die reizvolle Mischung aus Wolkenkratzern, Moscheen und Souks erwartet den Kreuzfahrer auch in Bahrain. Die liberale Insel ist als Wochenendziel für arabische Nachbarn beliebt.

◀ Das Bahrain World Trade Center in Manama (▶ S. 91) besteht aus zwei miteinander verbundenen Türmen.

Saudis und andere Nachbarn schätzen das liberale Klima, das in Bahrain herrscht und das etwa Alkoholausschank in Bars und Restaurants toleriert. Für Touristen stellt Bahrain in der Regel jedoch keine Liebe auf den ersten Blick dar, denn die Insel verfügt weder über großartige Naturschönheiten noch über besuchenswerte Sehenswürdigkeiten oder eine exotische arabische Atmosphäre. Bahrain ist vielmehr ein Land, das sich im Umbruch befindet, im Übergang zu einem modernen Staat, hat seine Infrastruktur jedoch noch nicht im gleichen Maße ausgebaut wie seine reichen Nachbarn.

Gegenwärtig entsteht Durrat al-Bahrain, eine künstliche Inselwelt mit Hochhäusern, Apartments, Jachthafen, Villen, Luxushotels und Freizeiteinrichtungen (www.durrat bahrain.com). Außerdem befindet sich zwischen Bahrain und der benachbarten Halbinsel Qatar die längste Seequerung der Welt im Bau. Eine 40 km lange Kombination aus Dämmen und diese verbindenden Brücken soll neben einer Autobahn auch einen Schienenweg enthalten.

Im Frühjahr 2011 rebellierte die schiitische Bevölkerungsmehrheit gegen die sunnitische Regierung und das sunnitische Königshaus. Bahrains Staatsoberhaupt, König Hamad bin Isa Al Chalifa, bat zur Niederschlagung des Aufstandes Saudi-Arabien und die Vereinigten Arabischen Emirate um Hilfe, die Militärtruppen über den Damm nach Bahrain schickten. Die Unruhen hielten 2016 noch an.

Manama

300 000 Einwohner
Stadtplan ▶ S.150/151

Schon Anfang der 70er-Jahre des vorigen Jahrhunderts wuchsen in Manama, der im Nordosten der Insel liegenden Hauptstadt, die ersten Bankenhochhäuser in den Himmel. Früher als Dubai und Abu Dhabi entwickelte sich hier eine Skyline nach westlichem Vorbild. Etwas historisches Ambiente können Besucher noch im Stadtteil Awadiya schnuppern: Hier wurde nicht der Fehler begangen, die alten arabischen Patio- und Windturmhäuser zu zerstören, sondern man restaurierte einige von ihnen in vorbildlicher Weise.

HAFEN

Kreuzfahrtschiffe legen im Mina (Port, Hafen) Khalifa an, einem Handelshafen südöstlich der Hauptstadt Manama. Er wurde südlich von Hidd auf aufgeschüttetem Land gebaut. Shuttlebusse stehen bereit für den Transport der Gäste zur City Center Mall oder zum Bab al-Bahrain. Die gewöhnlich 45-minütige Fahrt kann bis zu zwei Stunden dauern, da es auf der kleinen Insel Bahrain zu viele Autos gibt. Taxis dürfen das Hafengelände nicht befahren.

SEHENSWERTES

Ahmed al-Fateh Mosque

▶ S. 150, B 3

Das auch »Grand Mosque« genannte Bauwerk ist Bahrains größte und schönste Moschee, in der auch Nicht-Moslems willkommen sind. Weithin sichtbar sind die über 70 m hohen Minarette, und aus der Nähe sieht man, dass die Moschee mit der gewaltigen, 25 m breiten Kuppel

inmitten eines parkartig gestalteten Palmengartens liegt. Umgeben ist die Moschee allerdings von einer viel befahrenen Stadtautobahn und wird deshalb auch zumeist mit dem Auto angesteuert. Fotos mit Erinnerungswert erhalten die in geliehene Abayas gekleideten Besucherinnen vor der Kulisse des mit Bogengängen und Fenstergittern im neo-arabischen Stil gestalteten Bauwerks.
Al-Fateh Highway • Führungen Sa–Mi 9–17 Uhr • Eintritt frei

Al-Aali   ▶ S. 150, südwestl. A 2
In dem kleinen Dorf lebt noch heute die Tradition der Töpferei fort. In mehreren Häusern befinden sich Werkstätten, die besucht werden können und einen schönen Einblick in vergangene Zeiten bieten. In Dutzenden von Regalen stehen die unglasierten ockerfarbenen Töpfe, Teller und Vasen zum Verkauf, andere warten noch auf ihre farbenfrohe Bemalung. An moderne Kunstwerke erinnern die runden, dickbauchigen Spardosen und Wasserpfeifenbehälter, auf deren weißem Untergrund leuchtend blaue, türkisfarbene, rote und grüne Ringe aufgemalt wurden. Die Artikel kosten nur wenige Euro und sind nette Mitbringsel für Daheimgebliebene, vor dem Kauf posiert der Töpfermeister auch gern für ein Foto.
11 km südwestl. von Manama

Bab al-Bahrain   ▶ S. 150, südwestl. A 2
Das 1945 errichtete »Tor nach Bahrain« thronte einst symbolhaft am Meer, heute markiert das Bauwerk (mit Verwaltungsbüros und einer Touristeninformation) den Eingang zum großen Souk der Hauptstadt.
Government Avenue

Bahrain International Circuit (BIC)
▶ S. 150, südl. A 1
Mitten im Nichts, nämlich umgeben von rotbraunem Geröll nahe der Sakhir-Oase, entwarf der Aachener Formel-1-Architekt Herman Tilke den 5,44 km langen Bahrain International Circuit. Das erste Rennen (»Großer Preis von Bahrain«) auf dem in nur 16 Monaten fertiggestellten Hochgeschwindigkeitskurs wurde bereits im April 2004 ausgetragen. Ein denkwürdiges Ereignis, u.a. auch, weil es bei 30 Grad im Schatten heftig regnete. Als Sieger des Grand Prix ging nach 57 Runden Michael Schumacher hervor. Für die auto- und motorsportbegeisterten Bahrainis war es eine große Freude und Genugtuung, bei der damals anstehenden Entscheidung über einen Standort auf der Arabischen Halbinsel vor Dubai den Zuschlag zu erhalten. Auch tourismuspolitisch ist eine Formel-1-Rennstrecke in Bahrain bares Geld wert. Die Ereignisse werden weltweit im Fernsehen übertragen, der Bekanntheitsgrad des kleinen Landes wächst, und zudem etabliert sich Bahrain als Markenzeichen für hochrangige Sportereignisse. Reiche Araber aus den Nachbarländern, VIPs aus aller Welt nehmen Platz im neunstöckigen Sakhir Tower, der einen 360-Grad-Blick auf die Strecke bietet, und etwa 60 000 weitere Zuschauer verteilen sich auf die anderen fünf Haupttribünen. Der Bahrain International Circuit ist ganzjährig geöffnet und bietet – neben einem Shop mit einer Auswahl an Formel-1-Fanartikeln – diverse Angebote, u. a. das »Kart Racing Experience«. Erwachsene (in 9-PS-Fahrzeugen) und Jugendliche (ab 15 Jahren mit

Mit Hochgeschwindigkeit durch die Wüste: Nur rund 30 km von Manama entfernt liegt die Formel-1-Rennstrecke Bahrain International Circuit (▸ S. 92).

4 PS) werden eingewiesen in die Feinheiten der 1054 m langen Kartzone. Beim »Caterham Experience« kann man mehrmals pro Monat in den berühmten, von der gleichnamigen britischen Sportwagenschmiede designten G7-Rennwagen aus der Serie Seven (Höchstgeschwindigkeit 220 km/h) fahren. Fahrunterricht der besonderen Art bietet das »Hummer Driving Experience« in Hummer-Geländewagen.

28 km südl. von Manama • http://bahraingp.com

Royal Tombs (Burial Mounds)

▸ S. 150, südwestl. A 2

Rund 80 000 Grabhügel, die aus dem 3. Jt. v. Chr. stammen, erstrecken sich im Nordosten von Bahrain. Bis zu 20 m hohe, 4000 Jahre alte Hügelgräber entdeckt man um den Ort Aali. Die Gräber wurden alle geplündert, einige werden als Brennöfen genutzt. Die von Archäologen entdeckten Grabbeigaben – Keramik, Waffen, Schmuck – sieht man heute im Nationalmuseum.

Al-Aali (11 km südwestl. von Manama)

Souq al-Khamis Mosque
▶ S. 150, südwestl. A 3
Einen schönen Kontrast zur neuen prächtigen Grand Mosque, der Ahmed al-Fateh Mosque in Manama, bietet das »Donnerstagsmoschee« (nach dem im Dorf stattfindenden Donnerstagsmarkt) genannte Bauwerk, das älteste Gotteshaus des Landes. Die Moschee, deren heutiges Aussehen sich seit dem 14. Jh. nicht verändert hat, wurde auf Fundamenten errichtet, die aus dem 8. Jh. stammen. Der Besuch ist möglich, da die Moschee heute den Rang einer archäologischen Sehenswürdigkeit genießt. Die im Inneren zu sehende Gebetsnische stammt aus dem 12. Jh., während der Mihrab (dekorierte Wandnische, gen Mekka gerichtet) noch 200 Jahre älter ist.
Souq al-Khamis (6 km südwestl. von Manama) • Sa–Do 8–14 Uhr • Eintritt frei

MUSEEN
Bait al-Quran
▶ S. 150, B 2
Bereits das Gebäude zeigt islamische Dekorationen, und das Innere beherbergt eine große Sammlung prächtiger islamischer Kunst. Dem Besucher bieten sich diverse Kalligrafien sowie kunstvolle Holzschnitzarbeiten. Eine Sammlung historischer Koranausgaben enthält wertvolle Stücke, die aus dem 10. bis 14. Jh. stammen.
Goverment Avenue • So–Do 9–12 und 16–18 Uhr • Eintritt frei

8 Fort Bahrain
▶ S. 150, westl. A 2
Die auch Qalat al-Bahrain und Portuguese Fort genannte Festung stammt aus dem 14. Jh. und wurde von den Portugiesen überbaut, doch wurde der Platz bereits in grauer Vorzeit, um 2000 v. Chr., bewohnt, wie diverse Fundstücke nahelegen. Heute gehört das Fort Bahrain zum

Bereits in den 1970er-Jahren, früher als in Dubai und Abu Dhabi, entwickelte sich in Manama (▶ S. 91) eine Skyline mit himmelragenden Wolkenkratzern.

UNESCO-Welterbe. Das Fort Bahrain Site Museum zeigt einige der Ausgrabungsfunde.
Ras al-Qalat (10 km westl. von Manama) • Sa–Do 9–18, Fr 15–18 Uhr • Eintritt 0,50 BD, Museum 0,30 BD

National Museum ▶ S. 150, B 2
Das Nationalmuseum gewährt einen Einblick in die 5000 Jahre alte Geschichte der Insel. In diversen Hallen finden sich Exponate von der frühen Vorzeit bis zum in den 60er-Jahren des 20. Jh. einsetzenden Ölboom, darunter ein ca. 2000 Jahre altes Grab. Eine ethnografische Abteilung zeigt historische Kleidungsstücke, Zubehör der Perlentaucherei und unterschiedliche Handwerke.
Al-Fateh Highway/Sheikh Hamad Causeway•Sa–Do 8–18,
Fr 16–20 Uhr • Eintritt 0,50 BD

ESSEN UND TRINKEN
Mezzaluna ▶ S. 150, A 3
Feine mediterrane Küche • Das 100-jährige Haus erstrahlt in modernem Look: Der Patio wurde überglast. Das gehobene Restaurant zieht bahrainische Geschäftsleute an.
Osama Bin Zaid Street, Adliya •
Tel. 17 74 29 99 • tgl. 12–15 und
19–24 Uhr • €€€

Trader Vic's ▶ S. 151, südöstl. A 4
Eine Brise Südsee-Atmosphäre • Umgeben von den karibisch erscheinenden Villen des Hotels mit Blick auf die Lagune gehört dieser Treffpunkt für Expatriates zu den schönsten und romantischsten Orten der Hauptstadt. Die Speisekarte des polynesischen Themenrestaurants verzeichnet viele leichte und exotisch zubereitete und gewürzte Salate, Fischgerichte und Meeresfrüchte.

Ritz-Carlton-Hotel, Seef, King Abdullah 2nd Bin al-Hassan Avenue/Ecke Avenue 40, Road 1703 • Tel. 17 58 65 55 • www.tradervics.com • €€€

Casa Blu ▶ S. 150, A/B 3
Arabische Tradition • Orientalische Küche, u. a. Lammbraten und Houmus, werden hier in stimmungsvoller Atmosphäre mit anschließender Shisha serviert.
Sheikh Isa Avenue/Ecke Osama Bin Zaid Street • Tel. 17 71 04 24 •
tgl. 12–15 und 18–23 Uhr • €€

EINKAUFEN
🌿 **Bahrain Crafts Centre** ▶ S. 150, A2
In zahlreichen Werkstätten wird das Kunsthandwerk in alter Technik produziert und verkauft. Natürliche Materialien sind die Rohstoffe, aus denen Souvenirs und Gebrauchsgegenstände entstehen. Die Handwerker freuen sich über Zuschauer.
Isa al-Kabeer Avenue 263 • Sa–Do 8–14Uhr

Souq al-Qayserayah ▶ S. 150, C1
Nur noch wenige alte Souks der Arabischen Halbinsel haben sich ihre Ursprünglichkeit bewahrt, dazu gehört der Souk von Muharraq, einer kleinen Hafenstadt nördlich von Manama. Enge Gassen und Gässchen, in denen die Einheimischen einkaufen, verführen zu einem ausgedehnten Bummel.
Muharraq • Sa–Do 8–13 und 17–20, Fr ab 16 Uhr

SERVICE
AUSKUNFT
Tourist Department
▶ S. 150, südwestl. A 2
Bab al-Bahrain • Tel. 17 23 13 75 •
Sa–Do 8–12 und 16–18 Uhr

Oman

Im Reich von Sultan Qaboos prägen märchenhafte Burgen und wehrhafte Forts, einsame Wüsten und dramatische Gebirge die reizvolle Landschaft.

◄ Authentisch und bodenständig wirkt die omanische Hafenstadt Mutrah (▸ S. 100) auf den Besucher.

Rund vier Millionen Menschen leben auf einer Fläche, die so groß ist wie Deutschland. Gewaltige Wüsten und das bis zu 2000 m hohe Hajargebirge prägen das Land, eines der am dünnsten besiedelten der Welt. Es ist das Bekenntnis zu den Traditionen, der Stolz auf seine Seefahrertradition und die Bräuche und Weisheit der Berg- und Nomadenvölker in Oman, die die maßvolle und bewusste Art auszeichnen, wie mit den Verlockungen der Moderne umgegangen wird. Nachdem der damals 30-jährige, in England studierte Qaboos 1970 seinen Vater Sultan Said Bin Taimur zur Abdankung gezwungen hatte, gelang es ihm, das Land – in dem es nur ein Krankenhaus gab und nur eine Handvoll Menschen lesen und schreiben konnte – in wenigen Jahren maßvoll zu modernisieren. Heute studieren omanische Frauen an den Universitäten, blüht die von Omanis ausgeübte Fischfangtradition. An der Küste entwickelte sich ein qualitativ hochwertiger Tourismus, während in den Bergen im Landesinneren noch vielfach die Zeit stehen geblieben scheint; nicht aus Armut, sondern weil die bodenständigen Omanis das Leben in der Natur schätzen. Einnahmen aus dem Erdöl- und Erdgasexport mehren den Wohlstand Omans, machen es gleichwohl nicht megareich, sodass vernünftig mit den Ressourcen umgegangen wird. Der Ausländeranteil ist mit einem knappen Viertel der Bevölkerung wesentlich geringer als in den Nachbarländern. Durch den wachsenden Einfluss der VAE und deren Vorbildcharakter besonders gegenüber jüngeren Omanis findet jedoch eine Annäherung an westliche Konsumgewohnheiten statt.

Muscat

1,5 Mio. Einwohner (Capital Area, mit umgebenden Vororten)
Stadtplan ▸ S. 99
Zwei mächtige Forts rahmen die in einer Bucht gelegene Altstadt ein, in der Umgebung liegen Grünanlagen und Prachtboulevards, und über eine Corniche mit einer Länge von 3 km geht es in die benachbarte Hafenstadt Mutrah, voll aufregender Souks und orientalischen Lebens. Omans Hauptstadt und die Capital Area – das sind die sie umgebenden, nahtlos ineinander übergehenden Stadtviertel – erfreuen jeden Kreuzfahrer. Das wohlhabende, durch und durch arabisch geprägte Muscat besitzt eine ruhige, angenehme Atmosphäre, von Hektik und Internationalität à la Dubai keine Spur. Old Muscat, der historische Altstadtbereich, wirkt fast eine Spur zu aufgeräumt und wie ausgestorben, da sich in den dortigen Häusern hauptsächlich Museen und Regierungsgebäude befinden. Noch um 1970 ließ der unverheiratete Sultan Qaboos viele der alten Kaufmannshäuser aus Lehm und Muschelkalk abreißen, um neue, vermeintlich repräsentativere Gebäude und einen Palast im indischen Stil zu errichten. Heute sind die wenigen verbliebenen Kaufmannshäuser Juwele der Altstadt. Westlich und im Südosten der Altstadt schließen sich herrliche Badestrände sowie außergewöhnliche Luxushotels und Museen an, die einen Abstecher lohnen.

HAFEN

Der komfortable Cruise Ship Passenger Terminal mit einem 500-m-Pier in der vorgelagerten Bucht von Mutrah im Mina (Port) Sultan Qaboos (PSQ) ist Ziel der Kreuzfahrtschiffe. Ein Shuttlebus bringt die Passagiere zur Hafeneinfahrt, dort stehen Taxis bereit. Oft fährt der Bus auch weiter zum Mutrah Souk und nach Muscat.

SEHENSWERTES
Bayt Graiza und Bayt Nadir

▸ S. 99, e2

Alle Blicke auf sich zieht das großartige alte Handelshaus Bayt Graiza, das noch aus dem frühen 17. Jh. stammt und an historischer Stelle, nämlich dort, wo bereits ein portugiesischer Kaufmannspalast stand, erbaut wurde. Wunderschön anzusehen sind die alten Schwarz-Weiß-Fotos, die einen zweistöckigen Palast mit Fenstern im Spitzbogenstil zeigen. Das Bauwerk, eines der größten der Altstadt, verfügte über so viel Atmosphäre und Komfort, dass für kurze Zeit sogar der damalige Sultan Bin Ahmed hier residierte. Die Restaurierung war umfassend und konnte das Gebäude erhalten, leider verlor es dadurch einen Teil seiner einzigartigen Ausstrahlung. Heute dient Bayt Graiza (eine Bezeichnung, die sich vom portugiesischen Wort für Küche ableitet) als Gästehaus von Sultan Qaboo.

Im gleichen Stil erbaut ist das auf der anderen Straßenseite liegende Bayt Nadir, ein Kaufmannshaus, über dessen Verwendung nach der umfassenden Restaurierung noch entschieden wird. Besonders hübsch ist die hölzerne Eingangstür.
Old Muscat, Qasr al-Alam Street

Palast Qasr al-Alam   ▸ S. 99, e2

Der riesige, unübersehbar in der Altstadt thronende Palast kann zwar nicht besichtigt werden, ist aber durch die Gitter der Tore einsehbar, und in den die Anlage umgebenden Garten kann man sogar hineingehen. Sultan Qaboos ließ sich den Repräsentationssitz, in dem er allerdings selbst nicht residiert und der nur bei Staatsbesuchen genutzt wird, 1974 im indischen Stil und blaugolden schimmernd an der Stelle errichten, an der sich das Hafenviertel und das seit dem 19. Jh. von indischen Händlern bewohnte Viertel, geprägt von einem Hindutempel und teils prächtigen Wohnhäusern, befunden hatte. Der Palast liegt inmitten ausgedehnter Gärten und ist umgeben von Regierungsgebäuden.
Old Muscat, Qasr al-Alam Street

Royal Opera House   ▸ S. 99, westl. a2

Das strahlend weiße Bauwerk von außergewöhnlicher Architektur – klassisch und mit deutlich arabischer Prägung – ist Bühne für Opernaufführungen und Ballett sowie für Konzerte (Klassik, Jazz, arabische Musik). Die nationalen und international renommierten Künstler und Ensembles schätzen die herausragende Akustik, die Zuschauer die fantastische Atmosphäre.

Die nebenan liegende Opera Galleria (tgl. 10–22 Uhr) ist ein luxuriöses Einkaufszentrum mit 50 Geschäften (u. a. Armani, Lalique, Juwelier) sowie einem von Fauchon betriebenen Café-Restaurant, Ableger des berühmter Pariser Feinkostladens.
Al Kharjiah Street, Shatti Al Qurum • Tel. 24 40 33 00 • www.rohmuscat. org.om • Führungen tgl. 8.30–10.30 Uhr, Eintritt 1 OR

Muscat

Golf von Oman

Mutrah

Masqat

Ruwi

Muscat Gate House Museum
Bait Muzna Gallery
Bait al-Zubair
Al Mirani Fort
Palast Qasr al-Alam
al-Jalali Fort
Bait Bait
Fransa Graiza
Mutrah Fort
Souk
Bait al-Baranda
Armed Forces Museum
National Museum
National History Museum, Sultan Qaboos Grand Mosque

© MERIAN-Kartographie
300 m

Regierungssitz des Vorzeigestaats Oman: Der Sultanspalast Qasr al-Alam (▸ S. 98) liegt in einer weitläufigen Anlage und wird von Regierungsbauten gesäumt.

Shangri-La Bandar Al-Jissah
▸ S. 99, südöstl. e3

Das aus drei nebeneinanderliegenden Resorts bestehende Hotel lohnt einen Besuch schon wegen der ungewöhnlich reizvollen Lage und der spektakulären Anfahrt. Östlich von Muscat in der gleichnamigen Bucht gelegen, passiert man zunächst Al-Bustan, Ort des gleichnamigen auffälligen Palasthotels, ein achteckiges gewaltiges Bauwerk, von Sultan Qaboos zunächst als Gästehaus für die 1985 stattfindende Sitzung des Gulf Cooperation Council (GCC) erbaut. Es lohnt sich, einen Blick in die 40 m hohe Eingangshalle zu werfen, gekrönt von einer Kuppel und einem gigantischen Kronleuchter. An der Stelle, an der man links zum Hotel abzweigt, liegt der auffälligste Verkehrskreisel Omans: Den Al-Bustan Roundabout ziert jenes Boot – eine 14 m lange Dhau –,

mit dem der irische Abenteurer Timothy Severin 1980 vom omanischen Sur ins chinesische Kanton segelte. Er wollte damit zeigen, dass die kleinen arabischen Schiffe schon damals zu dieser Reise fähig waren. Nach Passieren des Kreisels beginnt die Fahrt auf der faszinierenden, 5 km langen Panoramastraße. Steil bergauf durch eine wunderschöne und menschenleere Berglandschaft geht die Tour, bis man zur Bucht von Bandar Al-Jissah gelangt, in der das Shangri-La 2006 seine Pforten öffnete. Zum Resort gehört auch ein Heritage Village, eine Kopie traditioneller Souks, in dem u.a. alte Handwerkskunst vorgeführt wird.
Bandar Al-Jissah

⭐9 Souk von Mutrah ▸ S. 99, c2
Im quirligen Hafenstädtchen Mutrah, mit Muscat durch eine 3 km lange Corniche verbunden, erlebt

man eine vollständig andere Atmosphäre. Hier ist es laut, es duftet nach Orient und Meer, und die herrlichen, zum Teil dreistöckigen Handelshäuser aus dem 19. Jh., die filigrane Holzbalkone, Galerien und spitzwinklige Fenster besitzen, säumen die Meerespromenade und erinnern an die ersten Händler aus Indien und Pakistan. Der hiesige Mutrah Souk ist nicht nur der schönste des Landes, sondern auch einer der schönsten der Arabischen Halbinsel: Unmittelbar an die Uferstraße angrenzend, öffnet sich nach Betreten des Basars durch einen Haupt- und mehrere Nebeneingänge eine orientalische Verkaufswelt wie aus dem Bilderbuch. Im Mutrah Souk ergeben sich die besten Fotomotive, da hier durchweg alter arabischer Stil herrscht, geprägt durch Holz, Lehm und Bambusmatten. Die omanischen Händler, die vor ihren kleinen Läden bzw. darin sitzen, sind durchweg gelassen und freundlich. Zu kaufen gibt es nicht nur die Dinge des täglichen Bedarfs, Stoffe und Plastikspielzeug aus China, sondern auch die von der Bevölkerung so hoch geschätzten Duftstoffe zum Parfümieren der Bekleidung in Form von Harzen und Kristallen, traditioneller Silberschmuck zu günstigen Preisen sowie Antiquitäten aus Indien und Indonesien, aber auch aus Oman. Mitunter sind auch noch die – häufig aus dem Jemen stammenden – Krummdolche, die sogenannten Khanjars (Djambia), zu kaufen, dessen Abbild auch Bestandteil der omanischen Flagge ist. Kleine (hygienisch einwandfreie) Teestuben, in denen außerdem frisch gepresste Mango- und Orangensäfte serviert werden, bie-

ten sich für eine Ruhepause während des Shoppingerlebnisses an.

Ist man bereits vormittags unterwegs, lohnt es sich, vorher den Fischmarkt zu besuchen, der auf der anderen Seite am Hafenbecken bereits in aller Frühe stattfindet. Es ist interessant zu sehen, wie durchweg Männer die ausgebreiteten, frisch vom Meer hierher transportierten Fische begutachten, über die Preise diskutieren, wie abgewogen wird und man sich abschließend mit einem freundschaftlichen Handschlag verabschiedet.

Mutrah, Mutrah Corniche (Al-Bahri Road) • tgl. 8–13 und 16–20 Uhr, Fr nur nachmittags

Sultan Qaboos Grand Mosque

▶ S. 99, westl. a2

Muscats größte und eindrucksvollste Moschee (die drittgrößte der arabischen Welt) liegt nahe der Stadtautobahn und kann auch von Nicht-Moslems betreten werden. Die 2001 erbaute Moschee wird dominiert von einer Kuppel sowie einem 90 m hohen Minarett, zu dem sich vier weitere kleinere gesellen. Ein symbolträchtiges Element, das die »fünf Säulen des Islam« (das Bekenntnis zu Allah, das tägliche fünfmalige Gebet, das Entrichten von Almosen, das Fasten im Ramadan und das Pilgern nach Mekka) repräsentiert. Mit spiegelndem Naturstein und von Intarsien bedeckt sind die Außenplätze für 14 000 Betende, während sich im Inneren des Gotteshauses weitere 6000 Gläubige aufhalten können. Wie auch in der Großen Moschee in Abu Dhabi ziert den Innenraum ein gewaltiger, 15 m hoher und 8 m breiter, von Swarovski entworfener Kronleuchter, und den Boden bedeckt ein einziger, 4000 qm großer iranischer Teppich, an dem angeblich 600 Menschen über vier Jahre lang gearbeitet haben sollen.

Zur Moschee gehört eine hervorragend ausgestattete Bibliothek mit mehr als 20 000 Exemplaren, die sich allen Aspekten des Islams widmet und die frei zugänglich ist.

Udhaybah, Sultan Qaboos Road • www.sultanqaboosgrandmosque. com • Sa–Do 8–11 Uhr • Eintritt frei, Frauen nur mit Kopfbedeckung, Männer nur mit langen Hosen, keine Kinder unter 10 Jahren

MUSEEN

Armed Forces Museum ▶ S.99, b3

Autobahnen führen durch den Stadtteil Ruwi, der ab 1970 gegründet und ausgebaut wurde und geprägt ist von modernen Häusern im omanischen Look, mehreren vorzüglichen Hotels sowie zahlreichen Wadis (zeitweilig austrocknenden Flussläufen), über die sich heute Brücken spannen. Hier liegt auch das Armed Forces Museum – die wenig ansprechende Bezeichnung lässt nicht erkennen, dass es sich hier um eines der schönsten Museen des Landes handelt, untergebracht im historischen Bayt al-Falaj, das sich der damalige Sultan Said bin Sultan 1845 als Sommerpalast errichten ließ und das in den folgenden Jahrzehnten zu einer Festung erweitert wurde. Heute beherbergt es nicht nur historische Waffen und Kanonen, die den Grundstock des Museums bilden, sondern informiert auf faszinierende Art und Weise durch seine geschichtsträchtige Umgebung und mittels didaktisch gut aufbereiteter Sammlungen, warum die Omanis in früheren

Jahrhunderten so viele Forts und Befestigungsanlagen errichten ließen. Gezeigt werden auch Vater und Großvater des heutigen Sultans, die sich noch kämpferisch für die Geschicke ihres Landes einsetzen mussten. Besonders schön sind die Außenanlagen des Museums, das umgeben von herrlichen, üppig grünenden und blühenden Gärten liegt. Zum Gedeihen beziehen diese ihr Wasser aus den Bergen, das in den traditionellen Falaj-Kanälen herbeigeschafft wird.

Ruwi, Al Muyamma Street • Sa–Do 7.30–15 Uhr • Eintritt 0,50 RO

Bait al-Baranda ▶ S. 99, c2

Bait (auch: Bayt) ist die arabische Bezeichnung für ein altes Handelshaus, wie sie typisch für Muscat waren. Heute gibt es nur noch wenige davon, diese sind aufwendig restauriert und beherbergen teilweise Museen. Ganz in der Nähe der Corniche und des Hafens von Mutrah liegt das einst im Besitz einer lokalen Händlerfamilie befindliche »Haus der Balkone«, heute ein vorzügliches Museum, das in ungewöhnlich umfassender Weise über die Entwicklung des Sultanats informiert. Dem Besucher stehen Ausstellungsräume zur Verfügung, in denen mittels interaktiver Präsentation die naturhistorische Entstehung Omans vorgeführt wird; man erfährt z. B., auf welche Weise Wüsten und Wadis entstehen. Die diversen in Oman siedelnden Kulturen werden porträtiert und die Mysterien des Weihrauchhandels erläutert.

Mutrah, Al-Mina Road, Mina Qaboos • www.baitalbaranda.mm.gov. om • So–Do 9–13 und 16–19 Uhr • Eintritt 1 RO

Ein Prachtbau Allah zu Gefallen: Die Sultan Qaboos Moschee(▶ S. 101) in Muscat ist die Hauptmoschee in Oman und die drittgrößte Moschee der arabischen Welt.

Bayt Fransa ▶ S. 99, e2

Das während des 19. Jh. errichtete Bayt Fransa war über ein Jahrhundert lang der Amtssitz französischer Konsule. Erbaut wurde es im prächtigen indisch-arabischen Stil für eine Prinzessin, eine Nichte des damaligen Sultans. Der Baustil entspricht den lokalen Vorlieben: Um einen mit Veranden ausgestatteten Patio gruppieren sich zahlreiche durch Treppenaufgänge miteinander verbundene Zimmer. Die Restaurierung von Bayt Fransa begann ab 1980 und wurde vollständig vom französischen Staat übernommen. Im Haus zu sehen sind die originalen Einrichtungsgegenstände, die vom Ende des 19. Jh. stammen. Daneben gibt es eine Ausstellung französischer und omanischer Mode der damaligen Epoche sowie Dokumente, die die französisch-omanischen Beziehungen beleuchten – vom ersten Kontakt bis zum Staatsbesuch des Sultans in Paris. Old Muscat, Qasr al-Alam Street • Sa–Do 9–13 Uhr • Eintritt 0,50 RO

Bayt al-Zubair   ▸ S. 99, d2/3
Im Jahre 1914 ließ sich Sheikh Zubair dieses Anwesen errichten und mit bester arabischer Handwerkskunst ausstatten. Nach der Restaurierung durch seinen Sohn Mohammed al-Zubair, einen wohlhabenden Omani und Besitzer des Shangri-La-Hotels, beherbergt Bayt al-Zubair heute nicht nur prächtige Kunsthandwerkssammlungen (u. a. antike Weihrauchgefäße) und weitere ethnografische Schätze, sondern auch eine umfassende Sammlung antiken omanischen Silberschmucks. Da einzelne Stücke nach wie vor in Oman käuflich zu erwerben sind bzw. Kopien älterer Stücke gefertigt werden, lohnt es sich, einen umfassenden Einblick in die Vielfalt der Verarbeitung und Stile zu nehmen. Zum Haus gehört auch noch ein schöner Garten, den der einstige Besitzer anstelle zweier Nachbarhäuser errichten ließ. Dort können Modelle historischer Fischerboote sowie der Nachbau eines kleinen Souks betrachtet werden.
Old Muscat, As Saidiyah Street • www.baitalzubairmuseum.com • Sa–Do 9.30–19 Uhr • Eintritt 1 RO

Muscat Gate House Museum
▸ S. 99, d2
Zwar wurden die alten Stadttore, die den Zugang in die Altstadt erlaubten, längst abgerissen, doch sorgten Sultan Qaboos und seine Stadtplaner dafür, dass Muscat heute wieder ein mächtiges neues Stadttor besitzt. Das Museum, das darin untergebracht ist, beherbergt im Wesentlichen eine Fotoausstellung, eine zwar eher enttäuschende Ansammlung von Dokumenten zur Stadtgeschichte, lohnenswert ist hingegen die Betrachtung der baulichen Struktur des Stadttores sowie der schöne Blick vom Dach, der schöne Fotoaufnahmen ermöglicht.
Old Muscat, Al-Bahri Road • Sa–Do 9.30–12.30 und 16.30–19 Uhr • Eintritt frei

National Museum   ▸ S. 99, e3
Das Museum umfasst ethnografische, geschichtliche und (kunst-)handwerkliche Abteilungen. Neben traditionellen Kleidungsstücken, Silberschmuck, Schiffsmodellen und Keramikarbeiten kann der Besucher vor allem die schönen alten Möbelstücke bewundern. Das neue palastartige Gebäude in der Altstadt von Muscat zeigt mehr als 5500 (!) Artefakte von der prähistorischen Epoche Omans bis zur Gegenwart. Hier erschließt sich der ursprüngliche Oman.
Old Muscat, Al Saidiya Street • Sa–Do 9–18, Fr 14–18 Uhr • Eintritt 5 RO

Natural History Museum
▸ S. 99, westl. a2
Das naturgeschichtliche Museum informiert über die Tier- und Pflanzenwelt und die Landschaften Omans. Die Ausstellung umfasst außerdem eine große Abteilung zur Vogelwelt des Landes und eine Wal-Halle mit riesigem Skelett.
Ministry of National Heritage and Culture Complex, Al-Wazarat Street • Sa–Do 9–13 Uhr • Eintritt 0,50 RO

STRAND
Muscats Fünf-Sterne-Hotels in der Capital Area stehen auch Nicht-Hotelgästen offen. Gegen eine Gebühr können Liegen am Wasser ebenso wie Poolanlagen benutzt werden.

Eine Sammlung dekorativer Ziegen säumt den Eingang zum Bait Al Bagh, das zum Anwesen des Bayt al-Zubair (▸ S. 104) gehört und als Museum dient.

SPAZIERGANG

Stadtplan ▸ S. 99

Man beginnt den rund 3 km langen Spaziergang an der **Bucht von Mutrah**, etwa zwischen dem meerseitigen Ausgang des **Mutrah Souks** und dem gegenüberliegenden **Fischmarkt**, und wendet sich nach Osten in Richtung Muscat. Vorbei an alten Handelshäusern und bewacht vom **Mutrah Fort** verläuft die Al-Bahri Road (hier noch Mutrah Corniche). Die Straße führt weiter an der Bucht entlang. Rechts taucht dann der auf einem hügeligen Gelände gelegene **Riyam Park** auf, auf dessen höchster Erhebung ein überdimensionaler Weihrauchverbrenner aufragt. Die Al-Bahri Road erreicht wieder das Meer und führt anschließend »inland« nach Muscat, das sie an dessen nordöstlicher Stadtgrenze erreicht. Zur Linken erblickt man auf einem Berg das **Fort Mirani**, das zusammen mit dem **Fort Jalali** die Bucht von Muscat bewacht.

Dauer: 1,5 Std.

ESSEN UND TRINKEN

Am günstigsten isst man an einem der zahlreichen **Shawarma-Stände** am Straßenrand gegrilltes Hammel- oder Hühnerfleisch, in Fladenbrot gepackt, mit Salat und einer Joghurtsauce garniert – nach wie vor ein traditionsreicher, hygienischer Imbiss. Auch Fast-Food-Ketten haben Einzug gehalten in Muscat, besonders in den **Food Courts** der Shoppingmalls sind diese bei Omanis eine beliebte Alternative zur arabischen Küche.

Auf die Restaurantpreise werden 17 % Steuern und Bedienungsgeld aufgeschlagen (»tax and service charge«). Die Preise in den Restaurants der Luxushotels entsprechen europäischem Standard.

⑨ ⭐ **MERIAN Tipp**

BAIT MUZNA ▸ S. 99, D 2

Individuelles Einkaufen in schönster Altstadtlage: In der ehemaligen Residenz von Prinzessin Zayyida Muzna, einem zweistöckigen palastartigen Haus mit Innenhof und alten Ölbäumen, kann man mit Muße in wahren Schätzen stöbern. Hier findet man neben seltenen Stücken arabischen Silberschmucks, die fachkundig präsentiert werden, Gemälden lokaler Künstler, antiken Truhen, Eingangsportalen und Bänken auch Artikel für den etwas schmäleren Geldbeutel, nämlich Weihrauch in hoher Qualität sowie auf Handwebstühlen gefertigte Decken und Tücher. Nach erfolgreichem Einkauf kann man noch im kleinen angeschlossenen Cafe einkehren und stilgerecht einen gesüßten Pfefferminztee und arabische Patisserien zu sich nehmen.
Muscat, Saidiya Street, Way 8662 no. 234 (gegenüber Bayt al-Zubair) • www.baitmuznagallery.com • Sa–Do 9.30–13.30 und 16.30–20 Uhr

The Restaurant ▸ S. 99, d2
Luxus, Deko und Küchenmix • Muscats beste Adresse für internationale Küche befindet sich im Hotel The Chedi. Das Dekor wurde vom japanischen Star-Architekten Koichi entworfen, passend zum Hotel mit nahezu meditativer Note und klaren Linien. Acht gewaltige Kristallleuchter und ein exquisites Beleuchtungskonzept betonen die ungewöhnliche Einrichtung. Der Blick hinaus auf die Wassergärten und das Meer ist gleichfalls einmalig. Eine weitere Besonderheit des Restau-

rants sind die vier offenen Showküchen, die den Gästen indische, asiatische oder italienische Gerichte zubereiten, während die vierte Station ambitionierte Dessertkreationen zaubert. Die Weinauswahl ist beeindruckend und als gläserner Weinkeller für alle Gäste einsehbar.
The Chedi Muscat, North Ghubrath 232, Way No. 3215, St. No. 46 • Tel. 24 52 43 43 • www.chedimuscat.com • tgl. 12–15 und 19–23 Uhr • €€€€

Sharazad ▸ S. 99, südöstl.e3
Dinner mit Gesang • Im schönsten der drei Hotels des Shangri-La-Resorts, dem Al-Husn (6 Sterne), befindet sich dieses marokkanische Restaurant. Dekor und Ambiente haben Erinnerungswert, vom künstlichen Sternenhimmel zu den üppigen Mosaiken und der eher coolen, zeitgenössischen Einrichtung. Das Essen ist köstlich und authentisch marokkanisch. Neben diversen im typischen Tajine-Tontopf servierten Gerichten locken besonders die reichhaltigen Vorspeisen. Ein besonderes Erlebnis ist es, die regelmäßig abends dargebotenen Gesänge zu hören, die teilweise aus spirituellen Sufi-Traditionen schöpfen.
Al Husn, Shangri-La Al-Jissah Resort • Tel. 24 77 65 65 • www.shangri-la.com • tgl. 19–23 Uhr • €€€€

Golden Oryx ▸ S. 99, b3
Mongolisches Buffet • Seit Jahren eines der beliebtesten Lokale für chinesische und Thai-Küche: Die niedrigen Preise und die aufmerksame Bedienung tragen zum Erfolg des Restaurants bei. Während man sich im Erdgeschoss an einem mongolischen Buffet bedienen kann, gibt

Authentisch: Im Souk von Mutrah (▸ MERIAN TopTen, S. 100) kann man sich unter die Einheimischen mischen und orientalischen Alltag hautnah erleben.

es im ersten Stock chinesische À-la-carte-Küche. Das Golden Oryx hat eine Lizenz zum Bierausschank.
Ruwi, Al-Burj Street • Tel. 24 70 22 66 • tgl. 12–15 und 19–24 Uhr • €€

Kargeen Caffe ▸ S. 99, westl. a2
Shisha im Grünen • Ein überdimensionaler Weihrauchbrenner stimmt auf das bei Omanis beliebte Restaurant ein, das beste landestypische Küche, köstliche Salate und auch Kuchen und Süßspeisen offeriert. In den Wintermonaten genießt man es, im Patio-Garten auf arabischen Holzbänken unter Bäumen und umgeben von Springbrunnen zu sitzen. In dem Al-Marjad genannten Bereich nehmen die Gäste auf Teppichen und Sitzkissen unter einem angedeuteten Beduinenzelt Platz. Als Aperitif sollte man einen alkoholfreien Cocktail aus frischen Obstsäften bestellen, der auch optisch einen Genuss darstellt. Zum Lunch erfreut sich das üppige Buffet großer Beliebtheit. Nach Dessert und Mokka ordern viele der Gäste eine Shisha. Das Konzept des Restaurants ist so erfolgreich, dass es auch Zweigstellen im Al-Harthy Shoppingkomplex sowie in der City Plaza gibt.
Madinat Qaboos Centre (hinter dem Einkaufszentrum), Al-Wattayah • Tel. 24 69 90 55 • www.kargeencaffe.com • Sa–Do 8–1, Fr 12–1 Uhr • €€

EINKAUFEN
Ein Bummel durch den **Souk von Mutrah** (▸ S. 100) erfüllt sämtliche Shoppinggelüste. In der Nähe des Haupteingangs reihen sich auf der rechten Seite zahlreiche Silber- und Antiquitätenhändler. Hier lohnt es sich, die Preise zu vergleichen. Echte omanische Khanjars, die traditionellen Krummdolche mit reich verzierten Griffen, haben jedoch ihren

Preis, besonders wenn diese alt oder mit aufwendigen Verzierungen aus Silber gefertigt wurden.

Muscat City Centre   ▶ S. 99, westl. a2
Eine der größten und beliebtesten der modernen Shoppingmalls bietet rund 150 Geschäfte, daneben auch eine sogenannte Fashion Gallery, in der drei Dutzend Designerboutiquen vertreten sind. Zahlreiche (Selbstbedienungs-)Cafés und Restaurants, regelmäßig stattfindende Sales und ein reiches, abwechslungsreiches Unterhaltungsprogramm mit Auftritten von Zauberern, Stelzenläufern und Pantomimen tragen dazu bei, dass das MCC, wie es die Einheimischen kurz nennen, an den Wochenenden zum Ausflugsziel für die ganze Familie wird.
Seeb, Sultan Qaboos Road • www. citycentremuscat.com • Sa–Do 10–22 Uhr

AM ABEND
Nach Sonnenuntergang trifft man sich in den Bars, Lounges und Clubs der Fünf-Sterne-Hotels. Außerhalb der Luxusunterkünfte ist das Ausgehangebot eher eingeschränkt.

John Barry Bar   ▶ S. 99, westl. a2
Die Bar des Grand Hyatt Muscat, eines Hotels im üppig orientalischen Palaststil, genießt seit ihrer Eröffnung einen exzellenten Ruf. Hier gibt es täglich ab 22 Uhr Livejazz.
Strand von Shatti al-Qurum • www.muscat.grand.hyatt.com • tgl. 20–2 Uhr

SERVICE
AUSKUNFT
In Oman gibt es – außer einem kleinen Schalter am Flughafen – keine Informationsstellen für Touristen. Auskunft erhält man in den Museen und Reisebüros der Capital Area.

Vor eindrucksvoller Bergkulisse erhebt sich die Festung von Bahla (▶ S. 109), eine Lehmburg, die aufgrund ihres Baumaterials sehr witterungsanfällig ist.

Ausflüge

◉ Bahla

46 000 Einwohner

Der Name Bahla steht für die alte, im Aussterben begriffene Lehmbaukunst von Oman: die dortige **Festung (Hisn Tamah)** ist die größte und beeindruckendste des Landes, bereits 1987 in die UNESCO-Liste des Welterbes aufgenommen und ein Jahr später als gefährdetes Weltkulturerbe registriert. Viele Besucher fühlen sich insbesondere auch wegen des sichtbaren Verfalls der Burg berührt. Bahla zeigt in großer Dramatik die Untrennbarkeit von Schönheit, Vergehen und Transformation. So verändert die Burg durch Restaurierungsarbeiten auch Charakter und Aussehen, bleibt aber auf diese Weise von dem rapiden Verfall, wie dieser typisch bei Lehmbauten ist, verschont. Die Burg mit ihren beeindruckenden Ausmaßen thront auf einer Anhöhe inmitten der zerklüfteten Bergwelt in einer Oase, ihre Fundamente sind teilweise mit dem felsigen Untergrund verbunden. Hisn Tamah trägt vermutlich den Namen ihres Erbauers, eines Oberhauptes der Nabhani-Stammesdynastie aus dem 17. Jh. Die Ursprünge der Anlage sind indes weit älter und reichen nach Untersuchungen einiger Archäologen zurück in vorislamische Epochen. Hunderttausende von Hand geformte, an der Sonne getrocknete Lehmziegel bilden die Mauern des gewaltigen Komplexes, der heute infolge starker Erosion teilweise mit der Umgebung zu verschwimmen und kaum mehr von dieser unterscheidbar zu sein scheint. Nur aus gewisser Distanz lässt sich die Größe der Lehmburg erkennen, die insgesamt 132 Wachtürme besitzt, mehr als jede andere Festung in Oman. 15 schwere Holztore führen hinein.

Sa–Do 8.30–16, Fr 9–11 Uhr •
Eintritt 0,50 OR
190 km südwestl. von Muscat

 ## FotoTipp

VON EINDRUCKSVOLLER GRÖSSE

Die riesige Ausdehnung des Forts von Bahla erfasst man, wenn man – von Nizwa kommend – auf der Nizwa-Ibri Road (Nr. 21) etwa 100 bis 150 m am Fort verbeifährt und dort das Auto parkt. Wenn der Fahrer nicht auf die Idee kommt, weist man ihn am besten darauf hin, denn man findet dort immer einen Parkplatz. ▸ S. 109

◉ Barka

81 000 Einwohner

Die Nationalstraße 1 führt von Muscat westlich vorbei an den Royal Stables von Sultan Qaboos und seinem Palast Bayt al-Barakah nach Barka. Die Ortschaft liegt am Meer und ist besonders am Wochenende Ziel von Ausflüglern aus der Hauptstadt. Das historische Fort im Zentrum der Stadt wurde im 18. Jh. errichtet, 1984 restauriert, ist aus Lehmziegeln erbaut und besitzt drei Rundtürme sowie einen Wohnturm. Die heute ausgestellten Kanonen und Kugeln dienten einst der Verteidigung vor Angriffen.

Der Souk und der Fischmarkt des Ortes lohnen eine Besichtigung nur vormittags, da dann viel Betrieb herrscht. Bekannt ist Barka für seine **Webereien** 🍃, deren Produkte von einer Frauenkooperative vertrieben werden. Hergestellt werden kleine Teppiche in Orange, Rot und Schwarz. In einer **Stierkampfarena** werden freitagnachmittags Stierkämpfe veranstaltet.

4 km westlich von Barka erreicht man das Bayt Na'aman, die Sommerresidenz der Imame. Die wehrhafte Wohnanlage wurde im 18. Jh. gebaut, 1995 restauriert und ist von einem üppigen Palmengarten umgeben. Eine kleine Holztür führt in das Innere, die Zimmer wurden mit historischen Möbeln ausgestattet; in einigen von ihnen sind Silberschmuck, Waffen und Dolche ausgestellt Ein eigener Brunnen diente der Versorgung mit Wasser.

– Fort: Sa–Do 9–15 Uhr • Eintritt 0,30 RO

– Bayt Na'aman: Sa–Do 8.30–14.30 Uhr • Eintritt 0,50 RO

40 km westl. von Muscat

◎ Jabrin

Das Fort von Jabrin erinnert mit seiner prächtigen Ausgestaltung fast an ein Schloss. Es wurde Ende des 17. Jh. als Residenz des Gelehrten Imam Bilarab errichtet und mit zwei Ecktürmen ausgestattet. Um einen zentralen Innenhof gruppieren sich auf mehreren Stockwerken zahlreiche hohe Räume, die mit kunstvoll bemalten Deckendekorationen versehen sind. Viele Nischen sind mit Stuck geschmückt.

Sa–Do 9–16, Fr 8–11 Uhr • Eintritt 0,50 RO

200 km südwestl. von Muscat

◎ Nakhal, Rustaq und Al-Hazm

Nakhal, Rustaq und Al-Hazm – Oman-Kenner bekommen leuchtende Augen, wenn sie die Namen dieser drei Orte hören, verbergen sich doch hinter diesen Bezeichnungen gleich drei außergewöhnliche und mächtige Festungsanlagen, die man gut auf einer einzigen Tour von Muscat aus kennenlernen kann. Man fährt von Muscat zunächst durch die Batinah-Ebene 40 km bis zur Hafenstadt Barka; am Fuße des Hajargebirges liegt 30 km von der Küste die malerische Dattelpalmenoase **Nakhal**. Diese wird dominiert durch die gleichnamige, auf das 9. Jh. zurückgehende **Festungsanlage** ⭐. Schon äußerlich beeindruckt das lehmfarbene Bauwerk mit seinen 6 m hohen Mauern, den Zinnen und sechs gewaltigen Rundtürmen, die sich vor dem kahlen steingrauen Bergmassiv erheben. Eine Atmosphäre der Stille und der Erhabenheit zeichnet die Festung aus. Das im 16. Jh. erweiterte und 1990 aufwendig restaurierte Fort zeigt in einzelnen Räumen, wie hier die Menschen in früheren Jahrhunderten lebten. Eindrucksvoll sind besonders die als Küche und Schlafräume genutzten Gebäudetrakte, sehr sparsam ausgestattet mit alten Schnabelkannen, Tabletts und großen Töpfen bzw. Teppichen und schweren Truhen. Reich verzierte und bemalte Deckenbalken prägen einige der Räume ebenso wie in die dicken Wände eingelassene Regale und Nischen.

Die Fahrt nach Nakhal wird sehr häufig verbunden mit einer Tour in die ungefähr 50 km entfernt gelegene Oase **Rustaq**, um das dortige Fort zu besichtigen, ein weiterer Höhepunkt omanischer Festungsarchitektur. Rustaq, die größte und prächtigste Palmenoase in Omans Norden, erhält ihr Wasser durch fünf »Aflaj«, historische Bewässerungs-

Die Festung von Nakhal (▶ S. 110), ein mächtiges Bollwerk inmitten einer Datteloase, zeigt einige restaurierte Innenräume, u. a. einen eindrucksvollen Versammlungsraum.

kanäle, und war lange Zeit religiöses und politisches Zentrum des Landes. Es war die strategisch günstige Lage zwischen Meeresküste und dem Gebiet des Jebel Akhdar, die zur Errichtung der **Festung Qalat al-Qesra**, meist nur Al-Rustaq genannt, führte. Zwei omanische Stämme – Al-Yaruba und Al-Bu-Said – residierten in der vollständig von einer Mauer umgebenen Festung. Vier gewaltige Türme, zwischen 6 und 12 m breit, beherrschen die Anlage. Bei einer Besichtigung

sieht man Vorratslager, Gefängniszellen und Waffenräume, im ersten Stock eine kleine Moschee, genannt Al-Bayadah, und im zweiten Stock eine große, archaisch anmutende Küche und Vorratsräume. Vor der Weiterfahrt sollte man noch einen Blick in das Gassengewirr des gegenüberliegenden alten Souks werfen, der von einer im Verfall begriffenen Mauer umgeben ist, durch die mehrere Tore führen.
Letzte Etappe auf der Tour ist das 20 km entfernte Fort von **Al-Hazm**.

Keramikwaren in allen Formen und Größen bietet der Souk in Nizwa (▶ S. 113) feil. Auf der Suche nach einem Souvenir wird man hier sicher fündig.

Umgeben von alten Lehmhäusern und neueren omanischen Prachtvillen inmitten leuchtend grüner Palmenhaine, thront das 1708 von Sultan bin Saif erbaute **Lehmfort**, eines der bedeutendsten des an Festungsanlagen reichen Oman. Mit dessen Ernennung zum Imam, zum geistigen Oberhaupt des Landes, wurde Al-Hazm gar zu dessen Hauptresidenz und der Ort zur Regierungszentrale von Oman. Nur sieben Jahre später starb Saif und wurde, seinem speziellen Wunsch entsprechend, im Westturm der Festung begraben. Charakteristisches Kennzeichen der 30 x 30 m großen Festungsanlage, die im Inneren eher an einen arabischen Palast erinnert, sind dessen große, sich gegenüberliegende Verteidigungstürme, verbunden durch einen isolierten Gang. Noch heute vorhanden sind die seinerzeit aus Portugal stammenden Kanonen, die im 19. Jh. unter Imam Azzan Bin Qauis angeschafft wurden. Al-Hazm wird durch ein aufwendig mit Schnitzereien versehenes Holztor betreten. Auffällig ist die Gestaltung der zahlreichen Zimmer mit stuckierten Decken, großen Gewölben und den vielen in die Wände eingelassenen und als Schrank genutzten Nischen.
– Festung Nakhal: Sa–Do 9–17 Uhr • Eintritt 0,50 RO
– Festung Rustaq: Sa–Do 9–17 Uhr • Eintritt 0,50 RO
– Fort Al-Hazm: Sa–Do 9–17 Uhr • Eintritt 0,50 RO
120 km südwestl. bzw. 170 km südwestl. bzw. 160 km westl. von Muscat

◉ **Nizwa**
72 000 Einwohner
Einer der schönsten Ausflüge führt in die historische Stadt Nizwa, 630 n. Chr. gegründet und umgeben

von Palmenhainen und blau schimmernden Bergrücken. Sie gilt als Silberhauptstadt des Landes und ist gleichzeitig ein religiöses Zentrum. Die Lage am Rande zweier großer Wadis führte zur Anlage kunstvoller Wasserkanäle, der sogenannten »Aflaj«, und dazu, dass die Stadt schon früh florierte. Ein mächtiges Fort, ein Paradebeispiel omanischer Festungsarchitektur, dominiert die Altstadt, weithin zu erkennen an seinem gewaltigen Rundturm, dessen Dimensionen von 40 m Durchmesser und 28 m Höhe auch in Oman einzigartig sind. Besucher können den Festungsturm betreten und sich selbst ein Bild von der ausgeklügelten Verteidigungsarchitektur machen. Ein System von Plattformen und insgesamt sechs schweren Holztoren, hinter denen stets neue Treppen warten und hinter denen man sich im Falle eines Angriffs verbarrikadieren konnte, sind zu überwinden, bevor man im Freien, nämlich auf der obersten, von einer Mauer umgebenen Plattform angelangt ist. Einige verbliebene (von einst 24) Kanonen sind auf die Schießscharten ausgerichtet. Heute erfreut man sich an der friedlichen Atmosphäre und genießt den schönen Blick auf die umgebenden Palmenhaine. In früheren Jahrhunderten flogen die Kanonenkugeln durch diese Öffnungen.

Reizvoll ist auch der vom Innenhof des Forts über hohe Stufen aus Stein zu erklimmende Wehrgang. Für die Mühen des Aufstiegs wird man mit bezaubernden Fotomotiven belohnt, u. a. dem Blick auf die an 1001 Nacht erinnernde Moschee mit blau-goldener Zwiebelkuppel der nahen Sultan-Qaboos-Moschee.

Einen Besuch verdient auch der restaurierte **Souk**, der sich zu Füßen des 40 m hohen Kanonenturms erstreckt. Es fehlt ihm zwar etwas an ursprünglicher Ausstrahlung, doch ist er mit seinen Cafés und schattigen Wegen, den angebotenen Keramikwaren und den Schmuckständen sehenswert. Einen weiteren Blick sollte man in den nicht restaurierten Ost-Souk werfen, der inmitten der runderneuerten Anlage noch das originale Markttreiben widerspiegelt.

Für die Feiern zum National Day 1994 ließ der Sultan vor der Stadt ein neues Superstadion mit beeindruckenden Ausmaßen errichten.

150 km südwestl. von Muscat

◎ Sohar

50 000 Einwohner

Folgt man der Nationalstraße 1 von Muscat nach Nordwesten, gelangt man über Seeb und Barka durch die fruchtbare Batinah-Ebene in die alte Hafenstadt Sohar. Zuvor passiert man zahlreiche Fluchtburgen und Festungen, die gegen Angreifer und Invasoren schützen sollten. Die weitläufige Hafenstadt Sohar war schon im 10. Jh. ein Stützpunkt des Handels mit Indien und Ostafrika und wird als Geburtsstadt (9. Jh.) von Sindbad dem Seefahrer ausgegeben. Das schon von Weitem sichtbare weiße Fort zeigt eine Ausstellung seiner Reisen und Erfolge.

Sohar wurde mit großem Aufwand begrünt, seine 3 km lange Corniche mit üppigen Palmen und Bougainvillen bepflanzt. An den Verkehrskreiseln ragen große Skulpturen auf, die Kaffeekannen, Dhaus und Kamele darstellen.

Das Sohar Fort, ganz in Weiß im Zentrum der Stadt gelegen, wurde

im 13. Jh. auf den Ruinen eines Vorgängerbaus an der Bucht errichtet und 1981 restauriert. Sechs Wachtürme schützen die vierstöckige Festung. Sein Museum zur Seefahrtgeschichte der Stadt dokumentiert den Handel Sohars im Mittelalter und die Eroberung durch die Portugiesen. Ausgestellt wird auch ein Brief des Propheten Mohammed aus dem Jahr 630. Das Fort wird von einer Park- und Gartenanlage umgeben, sodass man die Festung von allen Seiten sehen kann. Auch der Fischmarkt an der Corniche (Richtung Sohar-Beach-Hotel) lohnt vormittags einen Ausflug.
Sohar-Fort: Sa–Do 9–17,
Fr 14–17 Uhr • Eintritt 0,50 RO
235 km nordwestl. von Muscat

Salalah
165 000 Einwohner
Die Hauptstadt der Provinz Dhofar ersteckt sich im Süden von Oman (rund 1000 km südlich von Muscat) am Meer. Die moderne Hafenstadt besteht aus Neubauten, die kleine Altstadt Al-Hafah beim Sultanspalast wird gegenwärtig restauriert. Der westlich gelegene Containerhafen wurde ausgebaut, die Infrastruktur der Stadt verbessert, die Hafenstadt avancierte zum Wirtschaftszentrum des Südens. Ausgedehnte Plantagen erstrecken sich um und in der weitläufigen Stadt: Haine von Kokospalmen, in ihrem Schatten Papaya, Mangos und Bananen, die vom Südwestmonsun (Kharif) »bewässert« werden. Diese »Regenzeit« ließ Dhofar zur omanischen Sommerfrische avancieren. An zahlreichen Straßenständen werden Obst, frisch gepresste Säfte und Trinkkokosnuss angeboten.

Die 2000 Jahre alte Hafenstadt **Al-Baleed** wurde in der Blüte ihres Ostafrikahandels im 13. Jh. überfallen und geplündert und verfiel seitdem zunehmend. Vor 200 Jahren entstand die Stadt Salalah auf den Ruinen von Al-Baleed. Die Hauptsehenswürdigkeit der Stadt ist der archäologische Park Al-Baleed, ein UNESCO-Welterbe.

HAFEN
Der Mina (Port) Salalah, früher Mina Raysut, liegt 20 km westlich von Salalah. Kreuzfahrtschiffe benutzen das General Cargo Terminal. Da es in der Stadt außer einem (jedoch sehr sehenswerten) Museum nichts Besonderes zu sehen gibt, lohnt sich eine Taxifahrt in die Stadt nicht. Es ist besser, zuvor eine Tour in die östlich von Salalah gelegenen Orte, z. B. nach Taqah, Sumhuram und Mirbat, zu buchen, die dann wahrscheinlich ohnehin das Museum auf dem Programm haben. Ein Bus fährt zur Hafeneinfahrt, wo (überteuerte) Taxis (ohne Taxameter) warten. Eine Tafel gibt Hinweise auf die Ziele und Taxipreise, doch die Preisverhandlung mit dem Fahrer gestaltet sich meist zäh.

SEHENSWERTES
Al-Baleed Archaeological Park
Man betritt den 65 ha großen archäologischen Park, der sich in einer Dünen- und Lagunenlandschaft erstreckt und durch Rasenflächen gegliedert ist, durch ein Tor an der Straße. Die weitläufige Ausgrabungsstätte und ihr angeschlossenes Museum sind methodisch und auch didaktisch hervorragend gestaltet. Man sieht Ruinen einer untergegangenen Hafenstadt, die vom 10.

Die Gassen in Salalahs Altstadt Al-Hafah (▶ S. 115) säumen niedrige, kleine Lehmbauten, von denen derzeit viele restauriert werden.

bis zum 13. Jh. als Exporthafen für Weihrauch nach China und Byzanz ihre Blüte erlebte. Im Westen der Anlage befinden sich die Reste der Großen Moschee, nur wenige Säulen der einstigen Halle sind in ihrem Hof erhalten, die übrigen wurden durch neue halbhohe Steinsäulen ersetzt. Ausgegraben wurden auch die Ruinen einer Festung, die vermutlich palastartigen Charakter hatte, mit hohen Außenmauern und einem Rundturm. Man entdeckt weiterhin Reste einer kleineren Moschee mit Waschplatz, Lagerhäusern, Ruinen der Stadtmauer und eines Friedhofs. Auch wurden mehrere gepflasterte Straßen ausgegraben. Die Stätte wurde von dem Aachener Archäologen Michael Jansen freigelegt und erforscht. Alle Fundstellen sind mit zweisprachigen Tafeln versehen, und elektrisch betriebene Golfkarts bringen die Besucher über die gepflas-

terten Wege. Von einem Beobachtungsturm (»viewing tower«) gewinnt man einen guten Überblick über das Gelände. Im Freizeitbereich stehen ein Spielplatz und Boote zur Verfügung, mit denen man in der Lagune herumpaddeln kann.
Khor Al-Baleed, Sultan Qaboos Street • Sa–Mi 8–14 und 16–20, Do, Fr 16–20 Uhr • Eintritt 2 RO pro Auto

Al-Hafah

Die historische Altstadt von Salalah steht heute unter Denkmalschutz und wird derzeit wieder aufgebaut. Die zwei- bis dreistöckigen Häuser aus Kalkstein werden von stilisierten Zinnen gekrönt und erinnern an den südjemenitischen Baustil. Weiß gekalkte Streifen gliedern die Etagen, und die Fenster sind durch Holzgitter geschützt.
Al-Hafah, zw. Corniche und Qaboos Street

⭐ 10 MERIAN Tipp

WEIHRAUCH AUS DEM WEIHRAUCHLAND

Im Commercial Center von Salalah gibt es Weihrauch und andere Duftharze, dazu die schönsten Weihrauchverbrenner aus Ton. In dem weißen Bauwerk betreiben Frauen in bunten Kleidern und afrikanisch geschmückt kleine Geschäfte. Das moderne Gebäude mit einer Lichtkuppel, gelegentlich New Souk genannt, bietet auch Kunsthandwerk und andere hübsche Souvenirs.

Salalah, 23rd July Street • Sa–Do 9–20, Fr ab 15 Uhr

Cultural Centre

Highlight des Kulturzentrums, das mit einer großen Bühne für Theater- und Tanzaufführungen ausgestattet ist, sind vergrößerte Schwarz-Weiß-Fotos des britischen Forschungs- und Entdeckungsreisenden Sir Wilfred Thesiger, der in den 1940er- und 1950er-Jahren die Wüsten von Oman durchquerte. Der 2003 im Alter von 93 Jahren verstorbene Thesiger beschrieb die Stadt Salalah 1945 in seinem berühmten Reisebericht »Die Brunnen der Wüste«.

Robat Street, ab Al-Nahdah Street • Sa–Mi 8–14 Uhr • Eintritt frei

🌿 Khor Salalah

Das Vogelschutzgebiet beherbergt im Winter zahlreiche Zugvogelarten, darunter auch Enten, Störche, Ibisse und Flamingos. Das Gelände kann nicht betreten werden, man muss sich mit einem Blick durch den Zaun begnügen.

Qaboos Street (westl. Ende)

MUSEEN

Museum of the Frankincense Land

Im Weihrauchmuseum wird die Geschichte von Oman und des Weihrauchlandes sowie des omanischen Seehandels veranschaulicht. Schiffsmodelle in der Vorhalle und in der Maritime Hall geben einen Einblick in die omanische Schiffsbaukunst. Ein Modell des omanischen Bewässerungssystems mit Falaj-Kanälen und Tunneln zeigt, wie das Wasser von der Quelle durch Rinnen und zementierte Kanäle zu den Feldern und Verteilungsstellen im Dorf geleitet wurde und wird. Modelle der Festung Bahla und der Sultan-Qaboos-Moschee von Muscat geben eindrucksvolle Einblick in die Größe und Erhabenheit dieser Bauwerke. Eine Cafeteria und ein Souvenirladen laden zu einer Pause.

Khor Al-Baleed, Sultan Qaboos Street (östl. Ende des Archäologieparks) • So–Do 9–20, Fr, Sa 15–21 Uhr • Eintritt 2 RO pro Auto, ohne Auto Eintritt frei

STRÄNDE

Al-Bahri Beach

Der belebte und beliebte breite Strand bietet für die Badenden nur wenig Infrastruktur, einige fliegende Händler verkaufen Erfrischungen und kleine Snacks.

Al-Bahri Corniche, westl. von Al-Baleed

Strand des Crowne Plaza Hotel

Der schöne Sandstrand des Hotels Crowne Plaza ist umgeben von Kokospalmenplantagen und bietet eine gute Bademöglichkeit.

Crowne Plaza Hotel, Sultan Qaboos Street (neben dem Museum of the Frankincense Land), Al-Dahariz

Weihrauchernte: Durch Schnitte in Stamm und Äste wird das Weihrauchharz gewonnen, das man als Souvenir (▸ MERIAN-Tipp, S. 116) erstehen kann.

SPAZIERGANG

Spazierengehen macht auf der Arabischen Halbinsel kaum Spaß, es ist heiß, man findet wenig Schatten, und Spazierwege und Fußgängerzonen sind selten. Die nahezu tropischen Gärten und Haine von Salalah mit Mango- und Papayabäumen, Bananenstauden und Kokospalmen im Süden der Stadt machen da eine Ausnahme und verlocken zu einem Bummel auf schattigen Wegen, die im Grünen entlang von Wasserkanälen (»falaj«, Plural »aflaj«) führen.

Zw. Sultan Qaboos Street und Al-Muntazah Street

ESSEN UND TRINKEN
Dolphin
Gartenrestaurant unter Palmen • Das im Crowne Plaza Hotel gelegene, gehobene Restaurant bietet ein internationales Buffet und herrlichen Blick aufs Meer.
Crowne Plaza Hotel, Sultan Qaboos Street, Al-Daghariz • Tel. 23 23 80 39 • www.crowneplaza.com/salalah • tgl. 12–24 Uhr • €€€€

Bin Ateeq Restaurant for Traditional Omani Foods
Wie früher • In einem traditionellen Haus nehmen die Gäste in kleinen Separees auf Teppichen und Sitzkissen Platz, dann werden knuspriges Brot, Wasser und Tee gereicht. Anschließend bestellt man arabische Spezialitäten aus dem Dhofar.
23rd July Street • Tel. 23 29 23 80 • tgl. 11–23 Uhr • €€

Lebanese House
Libanesische Spezialitäten • Das Restaurant serviert arabische Küche: Lamm-, Huhn- und Fischgerichte auf libanesische Art. Auch vegetarische Gerichte werden angeboten.
Al-Salam Street • Tel. 23 21 21 00 • tgl. 12–22 Uhr • €€

Mughsayl Beach Tourist Restaurant
Pause beim Ausflug • Vor den Wasserfontänen von Mughsayl liegt am Strand ein Restaurant, das sich auf Touristen aus aller Welt spezialisiert hat und internationale Küche bietet.
Mughsayl Beach, Mughsayl • Tel. 23 92 16 58 • tgl. 9–22 Uhr • €€

Ahla
Authentisch & gut • Das Restaurant bietet in seinem großen Innenraum preiswerte arabische Küche mit Lamm- und Hühnergerichten. Es ist immer voll von Einheimischen und indischen Expatriates.
Al-Salam Street (beim Redan-Hotel) • Tel. 23 29 40 40 • tgl. 0–24 Uhr • €

Al-Fareed
Traditionelles Haus • Das Restaurant mit authentisch arabischer Atmosphäre serviert für Familien und Gruppen in eigenen abgetrennten Räumen arabische und indische Küche, am Wochenende auch in Form eines Buffets. Arabisches Brot, frisch und knusprig aus dem Ofen, und Houmus sind als Vorspeise sehr empfehlenswert.
23rd July Street (gegenüber dem Al-Khayyam Restaurant) • Tel. 23 29 23 82 • tgl. 18–23 Uhr • €

Omar al-Khayyam
Indisch-chinesisch • Neben Gerichten aus Nordindien – viele davon auch vegetarisch – und chinesischem Essen bietet das beliebte und stets gut besuchte Restaurant eine große Auswahl an köstlichen Fruchtsäften und Mango Lassi, einem indischen Joghurtgetränk.
23rd July Street (gegenüber dem Al-Fareed Restaurant) • Tel. 23 29 30 04 • tgl. 18–24 Uhr • €

EINKAUFEN
Al-Husn Souq
Der historische Souk der Altstadt wurde restauriert und erneuert und bietet seinen Kunden Früchte, Kunsthandwerk und verschiedene Baumharze, die als Duftstoffe geschätzt werden. Dazu gehören auch Weihrauchbrenner (»manjar«) aus Ton. Duftmischungen (»bokhur«) werden aus verschiedenen Baumharzen, Blütenölen und Hölzern zusammengestellt und in Dosen und Gläsern angeboten.
Al-Hafah, zw. Corniche und Qaboos Street • tgl. 8–13 und 16–21 Uhr

SERVICE
AUSKUNFT
Museum of the Frankincense Land
Khor al-Baleed, Sultan Qaboos Street • Tel. 24 69 86 85 • So–Do 9–20, Fr 15–21 Uhr

Ausflüge

◎ Ain Razat

Die Quellen von Razat versorgen ein weites System von »Falaj«-Kanälen mit Wasser, das zu den Feldern, Obsthainen und Gärten der Region geführt wird und ein kleines Wäldchen entstehen ließ. Dieses wird von den Einheimischen als Picknickplatz geschätzt. Ein Spaziergang entlang der Kanäle führt zu antiken »aflaj«, die zerfallen sind und bei denen sich die Konstruktionsweise und das Verteilsystem gut erkennen lassen.
7 km nordwestl. von Salalah

◎ Bin Ali's Tomb

2 km vor dem Küstenort Mirbat liegt das Grabmal des heiligen Sheikh Mohammed Bin Ali auf einem großen Friedhof. Die weiße Moschee, die von zwei Zwiebelkuppeln bekrönt wird und ein kleines Brunnenhaus (Waschplatz) aufweist, ist das Mausoleum eines Nachfahren des Schwiegersohns Alis des Propheten, der im 12.Jh. in Mirbat starb.
70 km östl. von Salalah

◎ Mausoleum An Nabi Ayub

Die Grabstätte von Hiob (engl. Job), Prophet des Alten Testaments und von Muslimen Ayub (Ayoub, Ayoob) genannt, liegt auf einem Plateau, das einen schönen Blick in die Ebene von Salalah ermöglicht. In einem kleinen Kuppelhaus sieht man eine 3 x 1 m große, gruftähnliche Grabstätte, von Tüchern abgedeckt. Neben dem Mausoleum lässt sich ein Fußabdruck im Betonboden erkennen, der als Hiobs Abdruck interpretiert wird. Neben dem Mausoleum ragt eine Moschee mit Minarett auf. Ob der Prophet hier tatsächlich seine letzte Ruhestätte fand, ist unsicher, denn weitere Gräber in Syrien, dem Libanon und Irak beanspruchen

Friedlich grasen die Dromedare in der Lagune Khor Mughsayl (▶ S. 120) und teilen sich den kargen Lebensraum mit zahlreichen Wasservögeln.

ebenfalls für sich, die sterblichen Überreste des Propheten zu bergen.
20 km nordwestl. von Salalah

◉ Mirbat
6000 Einwohner
Im einstigen Weihrauchhandelszentrum Mirbat, heute ein hübsches Fischerdorf, gibt es zahlreiche eindrucksvolle Wohn- und Handelshäuser mit reich verzierten hölzernen Fensterverkleidungen und Türen, von denen einige vor dem Verfall gerettet wurden. Vom 9. bis ins 18. Jh. wurde hier Weihrauch auf Schiffe verladen und mit Pferden gehandelt. Die zweistöckige Festung (Mirbat Castle) wurde perfekt restauriert, vom Dach aus hat man einen schönen Blick auf die Stadt, ihren Strand und die Umgebung.
Festung: Sa–Do 9–15 Uhr •
Eintritt 0,50 RO
70 km östl. von Salalah

◉ Mughsayl
Die Bucht von Mughsayl, die mit einem langen weißen Sandstrand und schattigen Pavillons aufwarten kann, wird im Westen von dunklen Klippen begrenzt. Unterhalb der Klippen liegt eine Felsterrasse, die bei Wellengang unterspült wird: Durch mehrere Löcher (»blow holes«) schießt dann das Meerwasser fontänenartig in die Höhe, was ein sehenswertes Naturschauspiel darstellt. Auf der anderen Seite der Straße befindet sich die Lagune Khor Mughsayl, ein Paradies für zahlreiche Wasservögel.
40 km westl. von Salalah

◉ Sumhuram
Das im Dhofar gewonnene Weihrauchharz wurde nicht nur mit Kamelkarawanen durch den Jemen und Saudi-Arabien zum Mittelmeer gebracht, sondern auch auf dem See-

Zeugen weit verzweigter Handelsbeziehungen: Reste des antiken Weihrauchhafens Sumhuram (▸ S. 120), von dem aus das Duftharz in ferne Länder transportiert wurde.

weg durch das Rote Meer. Die Ruinen des im 2. Jh. über der Lagune Khor Rori von einem jemenitischen König gegründeten antiken Weihrauchhafens Sumhuram (Samaram) wurden in den 1950er-Jahren von dem US-amerikanischen Archäologen Wendell Phillips freigelegt und später von Archäologen der Universität Pisa systematisch ausgegraben. Hohe Befestigungsmauern aus Steinquadern umgaben die Stadt, die Ruinen der Häuser sind rund 2 m hoch. Lagerhallen für Weihrauch mit Säulen, die das Dach trugen, ein großer Brunnen und ein 5 m hoher Tempel für den Mondgott Sin sind deutlich auszumachen. Grabungsfunde zeigen, dass sich der Handel bis nach Rom, Indien und Fernost erstreckte; die Ware wurde nach der Ankunft in Sumhuram auf Kamele verladen und auf der Karawanenstraße zum Mittelmeer weitertransportiert.
Sa–Do 8–17 Uhr • Eintritt 2 OR pro Auto, 0,50 RO ohne Auto
40 km östl. von Salalah

◉ Taqah Castle
18 000 Einwohner
Die kleine Stadt Taqah liegt am Meer, an ihrem Strand werden Sardinen zur Viehfütterung und Düngung getrocknet. Die Altstadt besitzt zahlreiche Kalksteinhäuser mit hölzernen Gitterdekorationen. Im Zentrum der einst wohlhabenden Handelsstadt steht die historische (restaurierte) Festung mit vier Ecktürmen. Die niedrigen Räume des kleinen Forts, das seit 1994 der Öffentlichkeit als Museum zugänglich gemacht ist, wurden mit antiken Möbeln und Dekorationen originalgetreu ausgestattet. Eine Sammlung alter Haushaltsgeräte ergänzt die Ausstellung und lässt die Atmosphäre des Forts für Besucher sehr authentisch wirken.
Sa–Do 9–16, Fr 9–12 Uhr •
Eintritt 0,50 RO
30 km östl. von Salalah

◉ Ubar
Der sechs- bis achtstündige Ausflug von Salalah nach Ubar ist anstrengend, da die zweite Hälfte der Anfahrt über eine unbefestigte Piste verläuft, ist aber dennoch überaus lohnenswert. Er führt in das von Lawrence von Arabien so benannte »Atlantis der Wüste«, eine bei der Oase Shisr versunkene Karawanserei. Der US-amerikanische Archäologe Yuris Zarins begann in den 1990er-Jahren mit der Suche und den Grabungen, da Satellitenaufnahmen die Routen der Handelswege sichtbar machten und auf den Fundort des in der Bibel und im Koran beschriebenen Ortes und Kreuzungspunktes historischer Karawanenwege hinwiesen. Hier wurden einst Kupfer und Weihrauch aus Oman sowie Gewürze aus Fernost transportiert. In einem 10 m tiefen Krater, der vermutlich durch das Einbrechen der Kalksteindecke entstand, fand Zarins die Ruinen der Karawanserei an einer Quelle. Die Siedlung ist rund 5000 Jahre alt; antike Wege, Reste von Grundmauern und Ruinen eines Tempels wurden freigelegt. Ein kleines Museum präsentiert die bei den Grabungen entdeckten Fundstücke: Keramik aus Ägypten und Steintafeln aus dem Jemen. Heute wird das Quellwasser für die Bewässerung der Oase Shisr verwendet.
175 km nördl. von Salalah

◉ **Wadi Darbat** 🌿

Selten sieht man auf der Arabischen Halbinsel Wasserfälle. Dementsprechend außergewöhnlich ist dieser Ort: Bis zu 70 m stürzen im Wadi Darbat, das in die Lagune von Khor Rori mündet, die Wasserfälle über Kalksteinklippen in die Tiefe. Nach dem sommerlichen Monsun lassen sich gleich vier Fälle und zahlreiche Kaskaden ausmachen, im Winter ist es nur noch ein kleiner Wasserfall. Das Wadi wird von mehreren Bächen gespeist, die drei Seen bilden Heimat für eine artenreiche Tierwelt, darunter viele Vogelarten und Zugvögel. Mehrere Höhlen in den Abhängen des Wadis zeigen Stalaktiten und Stalagmiten. Die Höhlen wurden von Schäfern zum Schutz aufgesucht, in einigen findet man Zeichnungen von Tieren.
42 km nordöstl. von Salalah

Khasab

18 000 Einwohner
Die Hauptstadt der omanischen Provinz Musandam, durch die Vereinigten Arabischen Emirate vom Sultanat Oman getrennt, begeistert durch ihre Lage an der Straße von Hormuz, der Meerenge, die den Persischen Golf mit dem Golf von Oman und dem Arabischen Meer verbindet, und die sie rahmenden, steil aufragenden Berge. Khasab eignet sich außerdem hervorragend als Ausgangspunkt zu den landschaftlich sehr reizvollen Fjorden der Umgebung, die man auf mehrstündigen organisierten Bootsausflügen erkunden kann. Die Stadt ist durch eine Schnellbootfähre und einen täglich verkehrenden Flug mit Omans Hauptstadt Muscat verbunden, und eine gute Teerstraße (an der Westküste) führt nach Ras al-Khaimah

(VAE), sodass während der klimatisch angenehmen Wintermonate viele Besucher hierherkommen.

HAFEN
Der Cruiseship Port liegt rund 5 km von der Stadt entfernt. Einen Shuttle oder Taxis findet man nicht immer, dann muss man sich zu Fuß auf den Weg machen. Doch zahllose Kleinbusse bieten Ausflüge in die Umgebung.

SEHENSWERTES
Khasab Castle (Khasab Fort)
Das portugiesische Fort (ab 1623 errichtet) wurde 1990 komplett und umfassend restauriert. Wie so oft in Oman wirkt das Ergebnis etwas zu perfekt und ein wenig steril. En Besuch lohnt sich dennoch.
Corniche (beim Hafen) • Sa–Do 9–16, Fr 8–11 Uhr • Eintritt 0,50 OR

Schmuggelhafen
Schon früh am Morgen kommen die Schmugglerboote aus Iran, bringen Ziegen und Schafe an Land. Die Abnehmer warten schon mit Pick-up-Wagen. Die Verkäufer verlassen geschwind mit Zigaretten und anderen Konsumartikeln, die sie zu Hause weiterverkaufen, das Land.

MUSEUM
Khasab Castle Museum
Das kleine, liebevoll mit Puppen in Landestracht gestaltete Museum zeigt u. a. Handwerkskunst, Bootsbau sowie Musikinstrumente der Region Musandam. Einen Besuch sollte man sich auf keinen Fall entgehen lassen, auch weil das Bauwerk selbst sehr schön restauriert wurde.
Khasab Fort • Sa–Do 9–16, Fr 8–11 Uhr • Eintritt 0,5 OR

ESSEN UND TRINKEN
Al Mawra
Mit Hafenblick • Im Hotelrestaurant des Hotel Atana Musandam ist man am besten bedient, wenn man sich von den täglich wechselnden Lunch- bzw. Dinnerbüffets bedient. Die Küche ist den ganzen Tag über auf Gäste eingestellt. Es gibt internationale Gerichte, aber auch arabische Spezialitäten werden angeboten.
Hotel Atana Musandam, Khasab Port • Tel. 23 76 08 88 • www.atana hotels.com • tgl. 7.30–24 Uhr • €€€

Telegraph Island Restaurant & Café
Palak Paneer und Roti • Hier können Sie vorzüglich indisch speisen, besonders gut sind die vielfältigen vegetarischen Gemüsecurrys. Alles kostet wenig, und Sie haben zudem noch einen guten Blick auf den Hafen. Auch einige arabische Gerichte (besonders gut Shawarma) stehen zur Auswahl.
Lulu Hypermarket Bldg. • Tel. 26 73 05 77 • tgl. 9–24 Uhr • €€

Al Shamaliah Grill & Restaurant
Einfach und sehr gut • Am besten schmecken die Shawarmas, die mit Salaten oder Gemüse und gegrilltem Fleisch zubereiteten Sandwiches, dazu lässt man sich eine Kokosnuss öffnen oder fragt nach einem frischen Mangosaft.
Main Street (nähe Moschee) • Tel. 26 73 04 77 • tgl. 11–24 Uhr • €

AKTIVITÄTEN
Dhow Cruise
Am Quay vor dem Kreuzfahrtschiff werden dreistündige Dhow Cruises durch die umliegenden Fjorde für umgerechnet rund 20–35 Euro angeboten – ein einzigartiges Erlebnis, das man nicht verpassen darf, wenn man nach Khasab reist. Angesteuert werden die bizarren, nur auf dem Wasserweg zugänglichen Fjorde, für die Musandam berühmt ist. Steil ragen die kahlen Berge über dem Wasser auf, mitunter passieren Sie winzige Fischersiedlungen, und Delfine begleiten die Boote.
Khasab Travel & Tours • Tel. 26 73 04 64 • www.khasabtours.com • 12 OR (28 €)

Jebel Harim Tour
Die auch Mountain Safari genannte dreistündige Tour mit Geländewagen durch die Gebirgswelt von Musandam führt zum Djebel Harim (2087 m). Höher und immer höher schraubt sich der Wagen über die in Serpentinen verlaufenden Straßen zum Gipfel. Verlassene, im Verfall begriffene Steinhäuser sind zu entdecken, noch immer von Menschen (während der heißen Sommermonate) bewohnte Behausungen. Zwischen den Felsen kann man Ziegen behände klettern sehen. Die Luft wird klar und frisch, je höher man kommt. Die Berge werden mit jeder neuen Kehre fantastischer, und schließlich genießt man ganz oben die Einsamkeit und Stille.
Dolphin Khasab Tours, Main Street • Tel. 26 73 08 13 • www.dolphin khasabtours.com

Tauchen
Das Tauchzentrum von Extra Divers Musandam liegt auf dem Gelände des Atana Khasab Hotels. Zwei Tauchgänge kosten 36 OR (83 €).
Atana Khasab Hotel (ehemals Golden Tulip) • Tel. 26 73 05 01 • www. musandam-diving.com

Die Wüste ruft!

Sand gibt es zwar auch an den zahlreichen Stränden, ein Muss ist jedoch eine Tour in die Wüste. Weit muss man dazu nie fahren, um die Zivilisation hinter sich zu lassen.

Sozusagen die Seele der Arabischen Halbinsel ist die Wüste: bis zum Horizont aufragende, in der Abendsonne goldgelb und orange schimmernde Sanddünen – eine menschenleere, vegetationslose Gegend, scheinbar unbeeinflusst von der Zeit. Weit muss man nicht fahren, um die himmelwärts strebenden Bankenhochhäuser und glitzernden Shoppingmalls hinter sich zu lassen und um in eine andere Welt einzutauchen, in der man barfuß auf Dünen klettert und den feinen Sand durch die Finger gleiten lässt. Da moderne Autobahnen die Vereinigten Arabischen Emirate, Bahrain und Qatar durchziehen, hat man

bequem die Möglichkeit, innerhalb kurzer Zeit eine ordentliche Prise Wüstenfeeling zu schnuppern.

Desert Safaris

Neben mehrtägigen Touren erfreuen sich besonders die halbtägigen Desert Safaris großer Beliebtheit. Mit Geländewagen und wüstenerprobten Fahrern geht es weg von der Straße und hinein in den Sand. In wildem Tempo geht es über die Dünen, wer über ein ängstliches Gemüt oder einen empfindlichen Magen verfügt, wird darum bitten, etwas langsamer zu fahren – doch der eigentliche Spaß des sogenannten »dune bashing«, des Befahrens der

◀ Sand, so weit das Auge reicht: Dünenlandschaft in der Wüste.

Sanddünen, ist in der Tat das rasante Tempo, das in der Wüste an den Tag gelegt wird. Am besten ist es, man teilt sich den Wagen (in dem vier bis sechs Gäste untergebracht sind) mit Gleichgesinnten.

Wenn es dunkel wird, erreicht man ein Wüstencamp. Aus allen Richtungen kommen die Besucher angefahren, die von Einheimischen begrüßt werden. Man nimmt Platz an langen Tischen, wer mag, kann sich auf Sitzkissen oder Teppiche setzen, aber auch Stühle stehen bereit. Am offenen Feuer werden lokale Spezialitäten zubereitet, Salate, Reis- und Bohnengerichte werden in irdenen Schüsseln serviert. Bauchtanz (eigentlich eine ägyptische Tradition) wird vorgeführt, und ein paar Beduinenfrauen tragen auf Wunsch mit Henna-Paste arabeske Muster auf die Hände der Gäste auf – ein hübscher Schmuck, der noch ein paar Wochen an den Wüstenabend erinnern wird.

Wüstenhotels

Auch wenn man nicht zum Übernachten anreist: Ein Besuch der wenigen in der Region existierenden und inmitten der Wüste liegenden Luxushotels ist eine lohnenswerte Angelegenheit. Bereits die Anreise macht Lust zum Entdecken und Erkunden der Wüste. Besonders im »Tor der Sonne«, dem Bab al-Shams, einem Wüstenresort 40 km östlich von Dubai, sind Tagesbesucher willkommen. Umgeben von Sanddünen liegt das im Stil einer historischen Karawanserei gestaltete Hotel. Besucher buchen das sogenannte »Day Use Package«, können den Tag in-

mitten der Wüste am Pool verbringen und auf den Kamelen Ritte in die Wüste unternehmen.

Daneben finden Vorführungen in der traditionsreichen Kunst der Falkenjagd statt, die, obwohl zum Leben der Einheimischen gehörend, den Blicken der Besucher für gewöhnlich verborgen bleibt. Nach Sonnenuntergang bucht man einen Tisch im 300 m von der Anlage liegenden »Al Hadheerah«-Restaurant, wo unter dem Sternenhimmel ein orientalisches Buffet aufgebaut ist und Musik und Tänzerinnen unterhalten.

Big Red

Puderzuckerfeiner Sand, der durch Eisenoxid seine rote Farbe erhält, prägt Dubais »Hausberg«: Rund 45 km außerhalb der Stadt an der Straße nach Hatta liegt die golden schimmernde, etwa 150 m hohe Sanddüne »Big Red«. Die »Große Rote« ist Teil eines faszinierenden Wüsten- und Dünengebietes, das sich über 7 km bis zum »Al Madame Roundabout« erstreckt. Entlang der Straße können wüstentaugliche Fahrzeuge mit Allradantrieb geliehen werden. Mit Quads und Buggys fährt man durch den Sand, ein großartiges Vergnügen auch für ungeübte Fahrer. Man kann sich auch zu zweit oder dritt einen Buggy mit Fahrer mieten, um Big Red zu erklimmen. Wer es dagegen eher gemächlich und traditionell liebt, steigt auf ein Kamel und schaukelt durch die unglaubliche Landschaft. Bei Big Red herrscht die ganze Woche über reger Betrieb, richtig voll wird es jedoch am Freitagnachmittag und Samstag, dem arabischen Wochenende, wenn junge Einheimische mit ihren Autos über den Sand preschen.

Eine Kamelkarawane durchquert das Meer aus Sanddünen. Einst als Lastenträger wertvoller Waren unterwegs, tragen die Tiere heutzutage allenfalls Touristen durch die Wüste.

Wissenswertes über die
Emirate und Oman

Nützliche Informationen für einen gelungenen Aufenthalt: Fakten über Land, Leute und Geschichte sowie Reisepraktisches von A bis Z.

Sprachführer Arabisch

WICHTIGE WÖRTER UND AUSDRÜCKE

ja – aiwa

nein – la

bitte (m/w) – law samaht/law sa-mahti oder min fadlak/min fadlik

danke – schukran

und – we

Wie bitte? – Naam? oder Affandem?

Ich verstehe nicht (m/w) – ana misch fahim/fahma

Entschuldigung (m/w) – ana asif/asfa

Guten Morgen – sabah el-kheir

(Antwort darauf) – sabah en-nur

Guten Tag – misa el-kheir

(Antwort darauf) – misa en-nur

Guten Abend – misa el-kheir

(Antwort darauf) – misa en-nur

Hallo – Ahlan

Ich heiße – ana ismi

Ich komme aus – ana min ...

Wie geht's? (m/w) – izaiak/izaiik?

Danke, gut (m/w) – al-hamdulilah quweies/quweiessa

Wer, was, welcher? – min, eh, ani?

Wie viel? – kam?

Wo ist? – fen?

Wann? – imta?

Wie lange? – Ad eh waqt?

Sprechen Sie Deutsch (m/w)? – inta/inti bitkallim/bitkallimi al mani?

Auf Wiedersehen – maasselama

heute – innaharda

morgen – bukra

ZAHLEN

eins – wahid

zwei – itnen

drei – talata

vier – arbaa

fünf – chamsa

sechs – sitta

sieben – sabaa

acht – tamania

neun – tissaa

zehn – ashara

elf – hedashar

zwölf – etnashar

zwanzig – ashrin

einundzwanzig – wahid we ishriin

dreißig – talatin

vierzig – arbain

fünfzig – chamsin

sechzig – sittin

siebzig – sabain

achtzig – tamanin

neunzig – tissain

hundert – meya

tausend – alf

WOCHENTAGE

Montag – yom el-etnehn

Dienstag – yom el-talat

Mittwoch – yom el-aarbaa

Donnerstag – yom el-khamis

Freitag – yom el-gumaa

Samstag – yom el-sabt

Sonntag – yom el-had

AUF DEM SCHIFF

Ahoi! – yalla!

Schiff – safina

Wo ist der Hafen? – fen el mina?

Anlegestelle – muazaf

Dampfschiff – safina buchareyah

Motorschiff – safina be motor

Kabine – kabinah

Oberdeck – satth el safinah

Wie schnell fährt das Schiff? – El markeb maschi besor'et kam?

Wann sind wir in ...? – Haneusal emta ...?

Wie lange bleiben wir in...? – Hano'od ad eh fî ...?

Wann legt das Schiff ab? – El safina hat'oum emta?

Wo ankert das Schiff? – El safina hatersi fen?

Wo finde ich den Kapitän? – Ala'ai fen el kobtan?

Wo ist die Brücke? – Fen markaz el kobtan?

Rufen Sie bitte einen Arzt – Momken tetesel bedoktor men fadlak

Ich kann nicht schwimmen! – Ma ba'arafsch a'aum

Wo sind die Rettungsboote? – Fen marakeb el inkaz?

SOS – Alnagdah

UNTERWEGS

Wie weit ist es nach ...? – ... baiida aan hena ad eh?

Wie kommt man nach …? – izzay awsal lil ...?

Wo ist … – Fen ...

– der Bahnhof/ Busbahnhof – mahattit il qatr/mahattit il au tobis

– der Flughafen – il matar

– die Touristeninformation – il maktab el-istaalamat es-sieha

– die nächste Bank? – aqrab bank?

Wo finde ich einen Arzt/eine Apotheke? – fehn aqrab doctor/ aghzakhana oder saidleia

rechts – yimin

links – shimal

geradeaus – aalatul

Ich möchte ein Auto/ein Fahrrad mieten – ana ayiz/ayza aagarr aarabeya/aagala

Eine Fahrkarte nach – tazkara lil ...

Ich möchte … Euro wechseln – ana ayiz/ayza ahawil … euro

HOTEL

Ich suche ein Hotel – ana badawir aala hotel

Haben Sie noch Zimmer frei? – Fi ghurfa fadia?

– für eine Nacht – leila wahda

– für zwei Tage – yomen

– für eine Woche – usbuu wahid

Ich habe ein Zimmer reserviert – ana hagazt ghurfa wahda

Wie viel kostet das Zimmer? – Bikam il oda oder ghurfa?

– mit Frühstück – bil fitar

– mit Halbpension – noss ikama

Kann ich das Zimmer sehen? – Mumkin ashuf il oda?

Ich nehme das Zimmer – Ana hakhud il oda

Kann ich mit Kreditkarte zahlen? – Mumkin adfaa bil visa?

RESTAURANT

Die Speisekarte bitte (m/w) – il menu law samaht/samahti

Die Rechnung (m/w) – il hisab law sabitte maht/samahti

Ich hätte gerne einen Kaffee – mumkin law sa maht/samahti wahid qahwa?

Wo finde ich die Toiletten? – Fen il toilette?

Kellner – garcon

Frühstück – fitar

Mittagessen – ghadda

Abendessen – aasha

EINKAUFEN

Wo gibt es? – Fen alaqi

Haben Sie (m/w) – hadritak/ hadritik andak/andik

Das ist zu teuer – ghali awi

Geben Sie mir bitte 100 g/ein Pfund/ein Kilo … – Mumkin tidini met gram/bi gineh/kilo ...

Danke, das ist alles – schukran bass keda

geöffnet/geschlossen – maftuh/maqful

Bäckerei – furn

Markt – suq

Lebensmittelgeschäft – supermarket

Sprachführer Englisch

WICHTIGE WÖRTER UND AUSDRÜCKE

ja – yes

nein – no

bitte – my pleasure, you're welcome

danke – thank you

Wie bitte? – Pardon?

Ich verstehe nicht – I don't understand you

Entschuldigung – Sorry, I beg your pardon, excuse me

Guten Morgen – Good morning

Guten Tag – Hello

Guten Abend – Good evening

Auf Wiedersehen – goodbye

Ich heiße … – My name is …

Ich komme aus … – I'm from …

Wie geht's? – How are you?

Danke, gut. – Thanks, fine.

wer, was, welcher – who, what, which

wie viel – how many, how much

Wo ist … – Where is …

wann – when

wie lange – how long

Sprechen Sie Deutsch? – Do you speak German?

Bis bald – See you soon

heute – today

morgen – tomorrow

ZAHLEN

null – zero

eins – one

zwei – two

drei – three

vier – four

fünf – five

sechs – six

sieben – seven

acht – eight

neun – nine

zehn – ten

zwanzig – twenty

einhundert – one hundred

eintausend – one thousand

WOCHENTAGE

Montag – Monday

Dienstag – Tuesday

Mittwoch – Wednesday

Donnerstag – Thursday

Freitag – Friday

Samstag – Saturday

Sonntag – Sunday

UNTERWEGS

Wie weit ist es nach …? – How far is it to …?

Wie kommt man nach …? – How do I get to …?

Wo ist …? – Where is …?

– die nächste Werkstatt? – the nearest garage?

– der Bahnhof/Busbahnhof? – the station/bus terminal?

– die nächste U-Bahn-/Bus-Station/ der Flugplatz? – the nearest subway station/bus stop/the airport?

– die Touristeninformation? – the tourist information?

– die nächste Bank? – the nearest bank?

– die nächste Tankstelle? – the nearest gas station?

Wo finde ich einen Arzt/eine Apotheke? – Where do I find a doctor/a pharmacy?

Bitte voll tanken! – Fill up please!

Normalbenzin – Regular gas

bleifrei – unleaded

rechts – right

links – left

geradeaus – straight ahead

um die Ecke – round the corner

Ich möchte ein Auto/ein Fahrrad mieten. – I would like to rent a car/bike.

Wir hatten einen Unfall. –
  We had an accident.
Eine Fahrkarte nach … bitte! –
  A ticket to … please!
Ich möchte Geld wechseln. –
  I'd like to change money.

ÜBERNACHTEN
Ich suche ein Hotel/eine Pension. –
  I'm looking for a hotel/guest-
  house.
Ich suche ein Zimmer für …
  Personen. – I'm looking for a
  room for … people.
Haben Sie noch Zimmer frei…? –
  Do you have any vacancies…?
– für eine Nacht? – for one night?
– für zwei Tage? – for two days?
– für eine Woche? – for one week?
Ich habe ein Zimmer reserviert. –
  I made a reservation for a room.
Haben Sie zum Wochenende einen
  Sonderpreis? – Do you offer a
  special weekend rate?
Wie viel kostet das Zimmer…? –
  How much is the room…?
– mit Frühstück? – including break-
  fast?
– mit Halbpension? – half board?
Kann ich das Zimmer sehen? – Can
  I have a look at the room?
Ich nehme das Zimmer. – I'll take
  the room.
Kann ich mit Kreditkarte zahlen? –
  Do you accept credit cards?

ESSEN UND TRINKEN
Wir haben einen Tisch reserviert. –
  We have booked a table.
Die Speisekarte bitte! – Could I see
  the menu please?
Die Rechnung bitte! – Could I have
  the check please?
Ich hätte gern… – I'd like to have …
Auf Ihr Wohl! – Cheers!
Wo finde ich die Toiletten (Damen/

Herren)? – Where are the restrooms
  (ladies/gents)?
Kellner/in – waiter/waitress
Frühstück – breakfast
Mittagessen – lunch
Abendessen – dinner

EINKAUFEN
Wo gibt es …? – Where do I find
  …?
Haben Sie …? – Do you have …?
Was ist das/wie heißt das? – What is
  that/how do you call this?
Wie viel kostet das? – How much is
  this?
Das gefällt mir/gefällt mir nicht –
  I like it/I don't like it
Das ist zu teuer. – That's too ex-
  pensive.
Ich nehme es. – I'll take it.
Geben Sie mir bitte 100 Gramm/
  ein Pfund. – I'd like to have one
  hundred grams/one pound.
Danke, das ist alles. – Thank you,
  that's it.
geöffnet/ geschlossen – open/closed
Einkaufszentrum – shopping mall
Kaufhaus – department store
Lebensmittelgeschäft – grocery
Briefmarken für einen Brief/eine
  Postkarte nach Deutschland/
  Österreich/in die Schweiz –
  stamps for a letter/postcard to
  Germany/Austria/Switzerland

ÄMTER, BANKEN, ZOLL
Haben Sie etwas zu verzollen? – Do
  you have anything to declare?
Ich habe meinen Pass/Brieftasche
  verloren. – I have lost my pass-
  port/my wallet.
Ich suche einen Geldautomaten. –
  I am looking for an ATM.
Ich möchte einen Reisescheck ein-
  lösen. – I'd like to cash a traveler's
  check.

Kulinarisches Lexikon

A

achar – in Essig eingelegtes Gemüse

achar filfil – eingelegte Paprika

achar tamat – eingelegte Tomaten

adobo – Huhn und Schweinefleisch in Sojasauce (thailändisch)

aish – Reis

aloo gobi – Blumenkohl und Kartoffeln (indisch)

arous – Reis

asal tamar – Dattelbrei

asir – Saft

B

baba ganoush – Auberginenpüree

baharat – Gewürzmischung: Pfeffer, Koriander, Kümmel, Zimt, Nelken, Muskatnuss und Paprika

bakil – mariniertes gebratenes Hackfleisch

baklawa – süßer Blätterteig

basboosa – Grießkuchen mit Mandeln

bastila – Huhn mit Mandeln im Teigmantel

batatis – Kartoffeln

baydh – Eier

biryani – Reis mit Huhn/Lamm (indisch)

borek – scharfe Pasteten mit Spinat und Hüttenkäse

C

chai – Tee

chebeh rubyan – Garnelenbällchen

chubs – Brot

chudar – Gemüse

curry – Sauce

D

dajaj – Huhn

dim sum – chinesische Snacks

djapati – Fladenbrot (Fettgebäck)

djubne – Käse

F

fakiha – Früchte

falafel – Gemüsefrikadelle

fattayer – scharfe Pasteten mit Spinat und Hüttenkäse

fattush – Tabouleh mit geröstetem Weißbrot

foul – dicke Bohnen

foul medames – mit Zwiebeln, Tomaten, Karotten und Gewürzen gekochte Bohnen, v. a. zum Frühstück

G

ghiraybah – Mürbeteigplätzchen

ghosht badami – Lammfleisch in Mandelsauce (indisch)

H

halal – islamische Schlachtvorschriften

halib – Milch

halwa – eine Art Götterspeise

hareis – gekochtes Lammfleisch mit Weizen

hoummus – Kichererbsenbrei mit Sesampaste, Zitronensaft, Sesamöl

J

jachni – Gulasch mit Bohnen

jubna – Käse

K

kabsa – ganzes Schaf, gefüllt mit Reis, Gewürzen und Mandeln

kahua – Kaffee

kharuf – Hammel

khobs – Brot

khouzi – gebratenes Lamm mit Reis

korma – Huhn- oder Lammfleisch mit Reis und Mandeln (indisch)

koussa mahsi – gefüllte Zucchini

kuba al aish – gefüllte Lammfleisch-
bällchen
kubali/kubbeh – panierte Hack-
fleischbällchen

L
lahm – Fleisch
loomi – getrocknete Limetten

M
ma – Wasser
machbous – Lammeintopf
mafrooda – helles Brot
manoushi – gewürztes Brot, gefüllt
mit Fleisch und Käse
mansaf – traditionelles Beduinen-
Dinner
mashaqiq – marinierter grillter
Fleischspieß
mashwee samak – Fischgericht
vom Grill
maskoul – Reis mit Zwiebeln
masur – gekochte Haifischstücke
matam – Restaurant
mechui – gegrilltes Lammfleisch
mehalabiya – Pistazienpudding
mezzeh – Vorspeise
mia maadiniya – Mineralwasser
muaddas – Reis mit Linsen
muhamara – pikantes rotes Püree
muhammar – süßer Reis
mutabbal – Auberginenbrei

N
nashab – gebackene Nussrollen

P
pilaw thali – Reisgericht mit
Gemüse und Chutneys
pitta – gefülltes Fladenbrot

Q
qahwa – arabischer Kaffee mit Kardamom, auch: kleines Gericht
quwarmah ala dajaj – Hühner-
Curry

R
rangina – Datteldessert
rus – Reis
rus bil tamar – Reis mit Datteln
rus ma'a halib – Milchreispudding

S
salata – Salat
samak – Fisch
samak narjeel – Fisch, gereicht in
Kokosmilch
samboosa – Teigtasche mit Käse-
oder Hackfüllung
samouni – Baguette
shai – Tee
shaurabat adas – Linsensuppe
shaurbat – Suppe
shawarma – Lamm- oder Huhn-
stückchen im Fladenbrot
shishlick – Fleischspieß
shish kebab – Bratwürstchen aus
Hammelhackfleisch
shisha – Wasserpfeife
shish tawouk – mariniertes Huhn

T
tabouleh – Mischung aus Petersilie,
Weizen und Pfefferminzblättern
tafadall – bediene dich!
taffadal – guten Appetit! (willkommen)
tahina – Sesampaste
tamar – Datteln
taratur – (syrisch-libanesische)
Knoblauchsauce
tharyd – geschmortes Lamm- oder
Rindfleisch mit Kartoffeln
tikkas – grillte Fleischstückchen

U
umm Ali – Brotpudding mit Zimt
uzi – gegrilltes Lammfleisch

W
warak enab – Weinblätter mit Reis-
füllung

ANREISE

MIT DEM FLUGZEUG

Ist die Anreise mit dem Flugzeug zu einem Abfahrtshafen auf der Arabischen Halbinsel nicht im Arrangement enthalten, hat man die Wahl unter diversen Fluglinien, die täglich nach Dubai, Abu Dhabi (VAE), Manama (Bahrain), Doha (Qatar) und Muscat (Oman) verkehren. Einen hervorragenden Ruf genießen die Fluglinien der arabischen Länder. Qatar Airways, Etihad Airways (Abu Dhabi) und Emirates Airline (Dubai) fliegen mit neuen Airbus-Maschinen, auch in der Economy Class ist der Sitzabstand groß, und jeder Platz verfügt über ein eigenes modernes Multimedia-System. In der Business Class lassen sich die Sitze in ein horizontal ausklappbares Bett verwandeln. Service und Mahlzeiten sind vorzüglich. Qatar Airways (www.qatarairways.com) fliegt von Frankfurt, München und Berlin nach Doha, Qatar.

Dubais nationale Fluggesellschaft, die 1985 gegründete Emirates Airline (www.emirates.com), deren rasantes Wachstum und internationaler Erfolg parallel zum Aufstieg Dubais verlief, verkehrt von Frankfurt, München, Düsseldorf, Stuttgart und Hamburg nach Dubai. Etihad Airways (www.etihadairways.com) stellt die Verbindung von Frankfurt und München nach Abu Dhabi her, Gulf Air (www.gulfair.com) von Frankfurt nach Manama und Oman Air (www.omanair.com) von Frankfurt und München nach Muscat. Lufthansa (www.lufthansa.de) verkehrt von Frankfurt und München nach Manama, Muscat und Dubai. Condor (www.condor.com) fliegt von November bis April von Frankfurt aus nach Dubai, Air Berlin (www.airberlin.com) von Berlin nach Dubai. Von Zürich verkehrt Swiss Airlines (www.swiss.com) nach Dubai, von Wien und Zürich Emirates nach Dubai und Qatar Airways nach Doha, von Wien Austrian (www.aua.com) nach Dubai. Die Flugzeit zum Arabischen Golf beträgt fünfeinhalb bis sechs Stunden, einen Flug (hin und zurück) gibt es ab etwa 380 €.

Auf www.atmosfair.de und www.myclimate.org kann jeder Reisende durch eine Spende für Klimaschutzprojekte für die CO_2-Emission seines Fluges aufkommen.

AUSKUNFT

IN DEUTSCHLAND, ÖSTERREICH UND DER SCHWEIZ

Die Niederlassungen in Deutschland sind auch für Österreich und die Schweiz zuständig (Ausnahme: Dubai).

ABU DHABI

Abu Dhabi Tourism Authority
Goethestr. 27, 60313 Frankfurt/M. • Tel. 0 69/29 92 53 90 • www.visit abudhabi.ue

DUBAI

Dubai Department of Tourism
– Bockenheimer Landstr. 23, 60325 Frankfurt/M. • Tel. 0 69/710 00 20 • www.visitdubai.com
– Hinterer Schermen 29, CH-3063 Ittigen • Tel. 0 31/924 75 99 (auch für Österreich zuständig)

OMAN

Oman Tourism
c/o Interface, Karl-Marx-Allee 91A, 10243 Berlin • Tel. 0 30/42 25 62 86 • www.omantourism.de

RAS AL-KHAIMAH
Ras al-Khaimah Tourism Authority
c/o Wilde & Partner, Nymphenburger Str. 168, 80634 München • Tel. 0 89/1 79 19 00 • www.rasalkhaimahtourism.com

BORDWÄHRUNG
Auf deutschen Schiffen ist die Bordwährung Euro, auf amerikanischen US-Dollar. Mit der Kreditkarte oder durch Bareinzahlung erhält man auf dem Schiff einen bestimmten Kreditrahmen, innerhalb dessen man bargeldlos per Bordkreditkarte (»charge card«) bezahlen kann.

BUCHTIPPS
Danielle & Olivier Föllmi: Die Weisheit des Orients – Tag für Tag (Knesebeck, 2008) Jeden neuen Morgen (der Kreuzfahrt) mit einem Gedicht beginnen, das die Weisheit des Verstehens im Orient erhellt; ein wunderbares Buch, ergänzt mit inspirierenden Bildern des schweizerischen Fotografenpaares.
Zeno von Braitenberg (Text), Udo Bernhart (Fotos): Oman & Dubai – Land aus Tausendundeiner Nacht (Bruckmann, 2011). Als Vorbereitung einer Kreuzfahrt wie als Erinnerung im Anschluss an die Reise: stimmungsvolle Fotos, ergänzt von einfühlsamen Texten, die den Blick öffnen können für den Reiz dieser Gegend jenseits gängiger Klischees.
Außerdem ist zu Dubai, VAE und Oman sowie zu Abu Dhabi ein **MERIAN live!-Reiseführer** im Handel erhältlich (2015).

BUCHUNGSADRESSEN
AIDA Cruises
Am Strande 3d, 18055 Rostock • Tel. 03 81/20 27 07 22 • www.aida.de

Costa Kreuzfahrten
Am Sandtorkai 38–41, 20457 Hamburg • Tel. 0 40/5 70 12 13 16 • www.costakreuzfahrten.de

Cunard Line
Am Sandtorkai 38, 20457 Hamburg • Tel. 0 40/41 53 35 55 • www.cunard.de

Hansa Kreuzfahrten
Königstr. 20, 70173 Stuttgart • Tel. 07 11/22 93 16 90 • www.hansatouristik.de

Hapag-Lloyd Kreuzfahrten
Ballindamm 25, 20095 Hamburg • Tel. 0 40/30 70 30 70 • www.hl-cruises.de

MSC Kreuzfahrten
Ridlerstr. 37, 80339 München • Tel. 0 89/20 30 04 38 01 • www.msc-kreuzfahrten.de

Norwegian Cruise Line
Kreuzberger Ring 68, 65205 Wiesbaden • Tel. 06 11/3 60 70 • www.ncl.de

Royal Caribbean
Lyoner Str. 20, 60528 Frankfurt/M. • Tel. 0 69/920 07 10 • www.royalcaribbean.de

Transocean Kreuzfahrten
Rathenaustr. 33, 63067 Offenbach • Tel. 0 69/8 00 87 16 50 • www.transocean.de

TUI Cruises
Anckelmannsplatz 1, 20537 Hamburg • Tel. 0 40/6 00 01 51 11 • www.tuicruises.com

EINREISE

Bei der Ankunft mit dem Flugzeug in Muscat (Oman) erhält man ein Visum (»visa on arrival«), die Kosten betragen 5 OR (10 Tage, ca. 12 €), 20 OR (1 Monat, ca. 45 €); ein solches Visum gibt es auch auf den Flughäfen von Dubai und Abu Dhabi (VAE, kostenlos). In Manama (Bahrain) und Doha (Qatar) kostet das »visa on arrival« 25 BD (ca. 60 €) bzw. 100 QR (ca. 25 €).

FEIERTAGE

1. Januar New Year's Day
1. Mai Labour Day (Bahrain)
27. Juni Accession Day (Qatar)
6. August Accession Day (VAE)
3. September National (Independence) Day (Qatar)
18./19. November Sultan's Birthday & National Day (Oman)
2. Dezember National Day (VAE)
16. Dezember National Day (Bahrain)
25. Dezember Christmas Day (VAE)

FERNSEHEN

Auf Kreuzfahrtschiffen werden die wichtigsten internationalen Fernsehprogramme per Satellit empfangen. Zudem verfügen immer mehr Kreuzfahrtschiffe über interaktives Bordfernsehen, außerdem können gegen eine Gebühr DVDs mit individuell ausgewählten Filmen ausgeliehen werden.

FESTE UND EVENTS

Die religiösen Feste richten sich nach dem islamischen Kalender, der sich am Mondlauf orientiert und dessen Jahr elf Tage kürzer ist als das Jahr des gregorianischen (Sonnen-)Kalenders.

Maulid al-Nabi
Geburtstag des Propheten Mohammed
1. Dez. 2017, 20. Nov. 2018
9. Nov. 2019

Lailat al-Miraj
Himmelfahrt des Propheten
23. April 2017, 13. April 2018,
2. April 2019

Ramadan
Fastenmonat
27. Mai–25. Juni 2017, 16. Mai–14. Juni 2018, 6. Mai – 4. Juni 2019

Eid al-Fitr
Dreitägiges Fest des Fastenbrechens am Ende des Ramadan
25.–27. Juni 2017, 15.–17. Juni 2018,
5.–7. Juni 2019

Eid al-Adha
Dreitägiges Opferfest am Ende der Pilgerfahrt nach Mekka
1.–3. Sept. 2017, 22.–24. Aug. 2018
11.–14. Aug. 2019

Hejra
Neujahr
21. Sept. 2017, 11. Sept. 2018
31. Aug. 2019

JANUAR
Dubai Marathon
Das sportliche Ereignis, das inzwischen Kult-Charakter besitzt, zieht Läufer aus aller Welt an.
2. Januarhälfte • www.dubai marathon.org

Dubai Shopping Festival
Ein großer Erfolg: Mehr als zwei Millionen Besucher lassen sich jährlich die hohen Rabatte nicht entgehen, die dann überall in Dubai

offeriert werden. Nicht minder reizvoll als die in Aussicht stehenden Schnäppchen ist das üppige Beiprogramm, bestehend aus Modenschauen, hörenswerten Konzerten, interessanten Theateraufführungen und jeder Menge Feuerwerk.
1.–31. Januar • www.dubai calendar.ae

Muscat Festival, Oman
Ein Fest ganz im Zeichen arabischer Kunst und Kultur, das sich auf Muscats Parks Qurum und Naseem konzentriert. Neben Kunsthandwerksausstellungen, Vernissagen und Modenschauen arabischer Designer gibt es ein beliebtes Food Festival, bei dem traditionelle Speisen gekostet werden können, sowie diverse Segel- und Radsportwettbewerbe.
Mitte Jan. bis Mitte Feb. • www.muscat-festival.com

Qatar Masters, Doha
Die Golf-Elite der Welt trifft sich innerhalb der European PGA Tour seit 1998 im Doha Golf Club. Das Preisgeld beträgt 2,5 Mio. US$.
Vier Tage Ende Januar • www.qatar-masters.com

Dubai Desert Classic
Professionelle Golfer schlagen ab am Golf: Der Emirates Golf Club empfängt seit 1989 die Spielerelite, es winken hohe Preisgelder.
Eine Woche 1. Feb.-Hälfte • www.dubaidesertclassic.com

Dubai Tennis Championchips
Das Dubai Tennis Stadium des Aviation Club ist Austragungsort der Wettkämpfe zwischen den besten Tennisprofis.

Zwei Wochen 2. Feb.-Hälfte • www.dubaidutyfreetennischampion chips.com

MÄRZ
Doha Cultural Festival, Qatar
Das Kulturfestival von Qatar zieht zahlreiche Besucher an und begeistert diese mit Volkstänzen, Theater, Musik, Henna-Malereien und natürlich Feuerwerk.
Eine Woche Anfang März

Bahrain Spring of Culture
Eine Vielzahl höchst unterschiedlicher Veranstaltungen und Ausstellungen wie Volkstanz, Theater, Lesungen und Konzerte lockt nach Manama, die Hauptstadt des Königreichs Bahrain.
Vier Wochen im März • www.spring ofculture.org

Bahrain Grand Prix
Das Formel-1-Jahr startet im März auf dem Bahrain International Circuit (BIC).
Drei Tage Anfang April • www.bahrain gp.com

Dubai World Cup
Millionen stehen auf dem Spiel beim bedeutendsten Pferderennen der Welt.
Ende März • Dubai, Nad al Sheba, Meydan Race Course • www.dubai worldcup.com

APRIL
Abu Dhabi Festival
Von klassischer Musik bis Jazz, Ballett, Oper und Theater – seit 2004 treffen sich hier die Star-Ensembles aus aller Welt.
Vier Wochen im April •www.abu dhabifestival.ae

OKTOBER
Kamelrennen
In der Wintersaison von Oktober bis März werden in den Vereinigten Arabischen Emiraten, Oman und Qatar Kamelrennen veranstaltet, die viele Besucher anziehen. Ab 7 Uhr kann man das Training beobachten, ab 14 Uhr finden Rennen statt.
Okt. bis März, Do, Fr, Sa • Kamel-rennbahnen

Pferderennen
Die Saison startet mit (fast) wö-chentlichen Pferderennen auf den Rennbahnen der Emirate.
Fr, Sa • Meydan Racecourse, Dubai • www.dubairacingclub.com

Bahrain International Music Festival
In der Cultural Hall in der Nähe des National Museum treten inter-nationale Künstler aus der arabi-schen Welt auf.
Sechs Tage Anfang Okt. • Tel. 0 09 73/17 68 27 77

NOVEMBER
Abu Dhabi Grand Prix
Formel-1-Rennen auf dem Yas Ma-rina Circuit, einer ungewöhnlichen Rennstrecke: Sie führt um den Hafen für Sportboote herum und unter ei-ner Brücke hindurch, die zwei Hotelgebäude verbindet.
Drei Tage Ende Nov. • www.yas marinacircuit.com

National Day, Oman
Der Geburtstag des Sultans wird am 18. gefeiert, und der 19. ist Omans National Day; an beiden Tagen gibt es Folklore, Sportwettbewerbe und ein großes Feuerwerk.
18./19. Nov.

DEZEMBER
National Day, VAE
Am Jahrestag des Zusammenschlus-ses der Emirate Abu Dhabi, Dubai, Fujairah, Ajman, Sharjah, Umm al-Qaiwain und Ras al-Khaimah zu den Vereinigten Arabischen Emira-ten stehen die VAE Kopf: Folklore, Bootsrennen und Feuerwerk.
2. Dez.

Sharjah Water Festival
Im Vordergrund stehen Bootsren-nen, dazu gibt es ein unterhaltsames Rahmenprogramm, bestehend aus Theater, Hundewettbewerben, Mu-sik, Unterhaltung und Feuerwerk.
Zehn Tage Mitte Dezember • www.sharjahmydestination.ae

FOTOGRAFIEREN
Beim Fotografieren sollte man be-stimmte Dinge beachten: Militäri-sche Einrichtungen sind tabu. Bei Herrscherpalästen bittet man vor-sichtshalber die Wache um Erlaub-nis. Einheimische müssen vorher um Einwilligung gebeten werden, doch einheimische Frauen dürfen nicht fotografiert werden.

GELD
BAHRAIN (BAHRAIN-DINAR)
1 BD . . . . 2,37 €/2,58 SFr
1 € . . . . 0,42 BD
1 SFr . . . . 0,38 BD

OMAN (OMANI-RIAL)
1 RO . . . . 2,33 €/2,54 SFr
1 € . . . . 0,43 RO
1 SFr . . . . 0,39 RO

QATAR (KATAR-RIYAL)
1 QR . . . . 0,25 €/0,27 SFr
1 € . . . . 4,04 QR
1 SFr . . . . 3,71 QR

VEREINIGTE ARABISCHE EMIRATE
(VAE-DIRHAM)
1 Dh . . . . 0,25 €/0,27 SFr
1 € . . . . 4,07 Dh
1 SFr . . . . 3,74 Dh

GELDWECHSEL
Auf der Arabischen Halbinsel hat
jedes Land seine eigene Währung.
Bargeld für individuelle Landgänge
erhält man zum Teil in der schiffs-
eigenen Wechselstube; gelegentlich
kommen auch mobile Geldwechsler
an Bord. Immer finden sich in der
Nähe des Kreuzfahrtpiers Geldautomaten (ATM), an denen sich mit der
Konto- oder Kreditkarte Bargeld
beschaffen lässt. Besonders in Dubai
blüht das bargeldlose Bezahlen, hier
ist es gang und gebe, auch kleinere
Beträge und Fast Food mit der Kreditkarte zu begleichen. Dies gilt
allerdings nicht, wenn man vorhat,
im Souk zu handeln, da dort stets
bar bezahlt wird.

GESUNDHEITSVORSCHRIFTEN
Für eine Reise in die Emirate und
Oman sind keine besonderen Imp-
fungen vorgeschrieben.

INTERNET
Auf den meisten Schiffen gibt es In-
ternetbereiche und -plätze mit einigen PCs, die man nutzen kann. Auf
vielen Schiffen steht bereits WLAN
für den eigenen Laptop/Notebook/
Handy zur Verfügung. In allen Hafenstädten findet man Internetcafés;
in jüngster Zeit nehmen diese jedoch
in Dubai, Abu Dhabi und Qatar immer mehr ab, da mehr und mehr
Cafés, Restaurants und nahezu alle
Shoppingmalls über WLAN verfügen und man mit seinem Tablet dort
problemlos online gehen kann.

KRIMINALITÄT
Bahrain, Oman, Qatar und die Vereinigten Arabischen Emirate gehören zu den sichersten Reiseländern
der Welt; Raub, Überfall, Diebstahl
kommen sehr selten vor. Die Einheimischen sind hier durchweg wohl-
habend, und auf die im Lande arbeitenden Gastarbeiter (»expatriates«)
warten hohe Geldstrafen mit sofortiger Ausweisung, falls sie sich krimi-
neller Aktivitäten schuldig machen.

MEDIZINISCHE VERSORGUNG
Auf Kreuzfahrtschiffen ist die medi-
zinische Versorgung gewährleistet,
viele Schiffe verfügen über eine
Arztpraxis und Miniklinik mit Arzt
und Apotheke; Untersuchung und
Behandlung müssen privat bezahlt
werden.

REISEDOKUMENTE
Deutsche, Österreicher und Schwei-
zer können mit einem Reisepass
einreisen, der mindestens noch
sechs Monate nach dem beabsichtig-
ten Ausreisetermin gültig ist. Kinder
unter 12 Jahren benötigen einen
Kinderreisepass.

REISEKNIGGE
Auf Landausflügen sollten Frauen
Kleidung vermeiden, die eng, kurz
oder gar durchsichtig ist; Männer
sollten hingegen auf das Tragen von
kurzen Hosen verzichten (außer
Dubai). Ein Tuch oder ein leichter
Pashmina-Schal belastet kaum und
ist nützlich als Kopfbedeckung und
beim Besuch einer Moschee. Auch
wenn der erste Eindruck von Dubai der einer westlich geprägten
Metropole ist: es ist den Einheimischen gegenüber unhöflich, deren
Kleidungsvorlieben und moralische

Werte zu ignorieren, auch wenn andere Besucher oder gar im Lande lebende Ausländer dies oftmals gedankenlos tun. In der Öffentlichkeit unbedingt vermeiden muss man den Austausch von Zärtlichkeiten. Unter Strafandrohung gelangt auch, wer in der Öffentlichkeit erkennbar unter Alkoholgenuss steht.

Einheimische Frauen darf man unter keinen Umständen fotografieren, Männer nur, wenn man diese vorher gefragt und man ihre ausdrückliche Zustimmung hat. Ehrenrührig ist auch das Ansprechen einheimischer Frauen von männlichen Touristen, ausgenommen sind die in öffentlichen Positionen arbeitenden Frauen. Sollte man ins Gespräch mit »locals« kommen, gilt es nach wie vor als Fauxpas, sich nach deren weiblichen Familienmitgliedern zu erkundigen. Und selbstverständlich gilt wie überall auf der Welt: Sich negativ über die Sitten und Wertvorstellungen, die Religion des Gastlandes zu äußern und die Liberalität des eigenen Herkunftslandes zu preisen ist nicht nur geschmacklos, sondern auch dämlich.

REISEZEIT

Die Arabische Halbinsel ist ein Winterreiseziel. Im Sommer lähmen Temperaturen über 40 Grad und hohe Luftfeuchtigkeit jegliche Aktivitäten, selbst beim Weg ins (badewasserwarme) Meer verbrennt man sich am Strand dann die Füße. Auch während des jährlichen Fastenmonats ist das Reisevergnügen in den Ländern arg eingeschränkt. Von Sonnenaufgang bis Sonnenuntergang darf dann in der Öffentlichkeit weder gegessen noch getrunken werden, nahezu alle Restaurants öffnen erst nach Sonnenuntergang, und das öffentliche Leben kommt nahezu zum Stillstand.

Die besten Reisemonate für Kreuzfahrten zur Arabischen Halbinsel sind daher die Monate Oktober bis April, dann herrschen angenehme Temperaturen. Im September und Mai steigen die Temperaturen bereits auf 30 Grad, jedoch sorgt die Meeresbrise unterwegs an Bord für eine gewisse Kühlung. Mit Regen muss lediglich an einigen Tagen in den Monaten Januar/Februar gerechnet werden, dann kann es auch in den Morgen- und Abendstunden durchaus recht kühl werden.

SCHIFF-ABC

Achtern (Heck) – hinterer Teil des Schiffes

Auslaufen – Verlassen des Hafens

Außenkabine – Kabine mit Fenster oder Balkon

Backbord – linke Seite des Schiffes (in Fahrtrichtung)

Brücke – Kommandoraum des Kapitäns

Bug – vorderer Teil des Schiffes

Bullauge – rundes Fenster

Cabin Steward – Kabinenpersonal

Cruise Direktor – Kreuzfahrtdirektor, zuständig für Unterhaltung und Landausflüge

Deck – Etage, Stockwerk des Schiffes

Dock – Anlegestelle des Schiffes (Pier, Kai)

Einschiffen – an Bord gehen

Flotte – Bestand an Schiffen

Gangway – Treppenzugang zum Schiff

Kielwasser – Wasserspur des fahrenden Schiffes

Koje – Schlafplatz

Kombüse – Schiffsküche

Kurs – Fahrtrichtung

Lee – dem Wind abgewandte Seite des Schiffes
Löschen – Entladen eines Schiffes
Lotse – Hilfskapitän für (schwierige) Häfen und Gewässer
Luv – dem Wind zugewandte Seite des Schiffes
Messe – Salon, Speisesaal
Mittschiffs – zentraler Bereich zwischen Bug und Heck
Niedergang – Treppe im Innenbereich des Schiffes
Querab – seitlich des Schiffes
Reede – vor dem Hafen (ohne Pier) vor Anker liegen
Reling – obere Bordwand des Schiffes
Ruder – Steuerung des Schiffes
Rumpf – Schiffskörper
Schlingern – seitliche Schaukelbewegungen
Schraube – Propeller des Antriebs
Seegang – Wellenbewegung des Wassers
Seekarten – Navigationskarten
Seemeile – 1,852 km
Sitting – Verteilen der Sitzplätze und Tische im Speisesaal
Stampfen – Schaukeln des Schiffes in Längsrichtung
Steuerbord – rechte Schiffsseite (in Fahrtrichtung)
Tendern – Übersetzen von der Reede mit kleineren Booten

Tiefgang – Maß von der Wasseroberfläche bis zum tiefsten Punkt des Schiffes
Tip – Trinkgeld an Bord
Untiefe – flache Wasserstelle
Vorsteven – vorderster Schiffsteil
Wache – Dienstzeit

SCHLÜSSELKARTEN

Jeder Passagier erhält beim Einschiffen einen Ausweis, heute meist eine elektronische Chipkarte (oft mit Bild), die die Kabine öffnet, den Ab- und Zugang beim Landausflug kontrolliert und zum bargeldlosen Bezahlen an Bord (Bordkreditkarte) verwendet werden kann. Die Chipkarte ersetzt zunehmend die Bordmarken, mit denen Landgänge registriert werden.

TAGESPROGRAMME

Das aktuelle Bordprogramm des nächsten Tages, das die Passagiere mit den Angeboten an Bord, etwa speziellen Veranstaltungen oder Informationsvorträgen, und mit geplanten Landausflügen bekannt macht, wird am Vorabend durch Handzettel, Bordzeitung, Aushang und internes Bordfernsehen veröffentlicht. Auch die Liegezeiten im nächsten Hafen werden damit bekannt gemacht.

Klima (Mittelwerte)	JAN	FEB	MÄR	APR	MAI	JUN	JUL	AUG	SEP	OKT	NOV	DEZ
Tagestemperatur	20	21	24	28	33	35	37	38	36	32	27	22
Nachttemperatur	14	15	17	21	26	28	29	30	27	24	21	16
Sonnenstunden	8	8	8	10	11	11	10	10	10	10	10	8
Regentage pro Monat	1	2	1	1	0	0	0	0	0	0	1	1
Wassertemperatur	22	21	23	25	27	30	31	32	32	30	27	25

TELEFON

VORWAHLEN
Bahrain 0 09 73
Oman 0 09 68
Qatar 0 09 74
VAE 0 09 71

Von vielen Schiffen kann man (zumindest in Küstennähe) mit dem Handy telefonieren, muss jedoch die Roaminggebühren seines Providers berücksichtigen – am besten informiert man sich vor der Reise darüber. WLAN (WiFi) ist als drahtlose Internetverbindung zunehmend verbreitet (Laptop erforderlich), jedoch nicht kostenlos. Auf vielen Schiffen gibt es Internetcafés, in denen nach Minuten abgerechnet wird.
Telefonieren mit dem Handy und Internetsurfen auf hoher See kann teuer werden. Die GSM-Netze der Kreuzfahrtschiffe ermöglichen Handy-Gespräche über Satellitenverbindungen, bei denen Telekom- und Vodafone-Kunden mit 4–5 € pro Minute rechnen müssen. Eingehende Gespräche sind hingegen deutlich billiger.

TRINKGELDER
Bei einigen Schiffen ist das Trinkgeld bereits vollständig im Reisepreis enthalten. Bei vielen Kreuzfahrtschiffen wird ein bestimmter Prozentsatz oder Betrag als Trinkgeld mit der Bordkreditkarte abgebucht oder einbehalten; bei einigen kann man dieser Prozedur widersprechen. Man rechnet mit Beträgen zwischen 5 und 10 € pro Person und Tag, und am Abend vor dem Ausschiffen findet man in der Kabine Umschläge mit der Aufschrift »Es dankt Ihr Steward« und »Es dankt das Restaurant-Team«. Der Kabinensteward erhält ca. 2 €, der Oberkellner ebenfalls und sein Gehilfe 1,50 € pro Person und Tag.
Wenn bei Restaurantbesuchen an Land 10–15 % »service charge« nicht bereits in der Rechnung enthalten sind, gibt man dem Personal wie üblich extra. Bei Taxifahrten ist kein Trinkgeld erforderlich, doch man rundet in der Regel auf.

TRINKWASSER
Das Wasser an Bord hat Trinkwasserqualität.

WÄSCHE
Wie jedes große Hotel verfügen auch alle Kreuzfahrtschiffe über einen Wäscheservice.

ZEITVERSCHIEBUNG
In Bahrain und Qatar gilt die Arabia Standard Time (MEZ + 2 Stunden), in Oman und den VAE die Gulf Standard Time (MEZ + 1 bzw. 2 Stunden im Sommer, MEZ + 3 Stunden im Winter).

ZOLL
Reisende aus Deutschland und Österreich dürfen Waren im Wert von 300 €, bei Flug- bzw. Seereisen von 430 € (Jugendliche: 175 €) abgabenfrei mit nach Hause nehmen, Reisende aus der Schweiz im Wert von 300 SFr. Die Waren müssen für den privaten Gebrauch vorgesehen sein. Tabakwaren und Alkohol fallen nicht unter diese Wertgrenze und bleiben in bestimmten Mengen abgabenfrei (z. B. 200 Zigaretten, 4 l Wein).
Weitere Auskünfte erhalten Sie unter www.zoll.de, www.bmf.gv.at/zoll und www.zoll.ch.

Kartenatlas

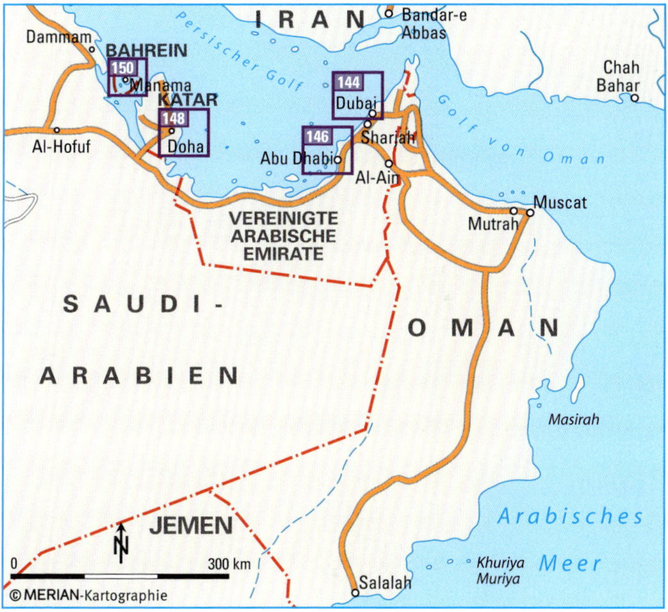

Legende

Sehenswürdigkeiten

10 MERIAN TopTen

10 MERIAN Tipp

Sehenswürdigkeit, öffentl. Gebäude

Sehenswürdigkeit Kultur

Kirche

Moschee

Museum

Denkmal

Archäologische Stätte

Verkehr

Autobahn

Autobahnähnliche Straße

Fernverkehrsstraße

Hauptstraße

Nebenstraße

Unbefestigte Straße, Weg

B Busbahnhof

M Metrostation

Flughafen

Sonstiges

Information

Markt

Zoo

Botschaft, Konsulat

Strand

Oase

Ölfeld

Muslimischer Friedhof

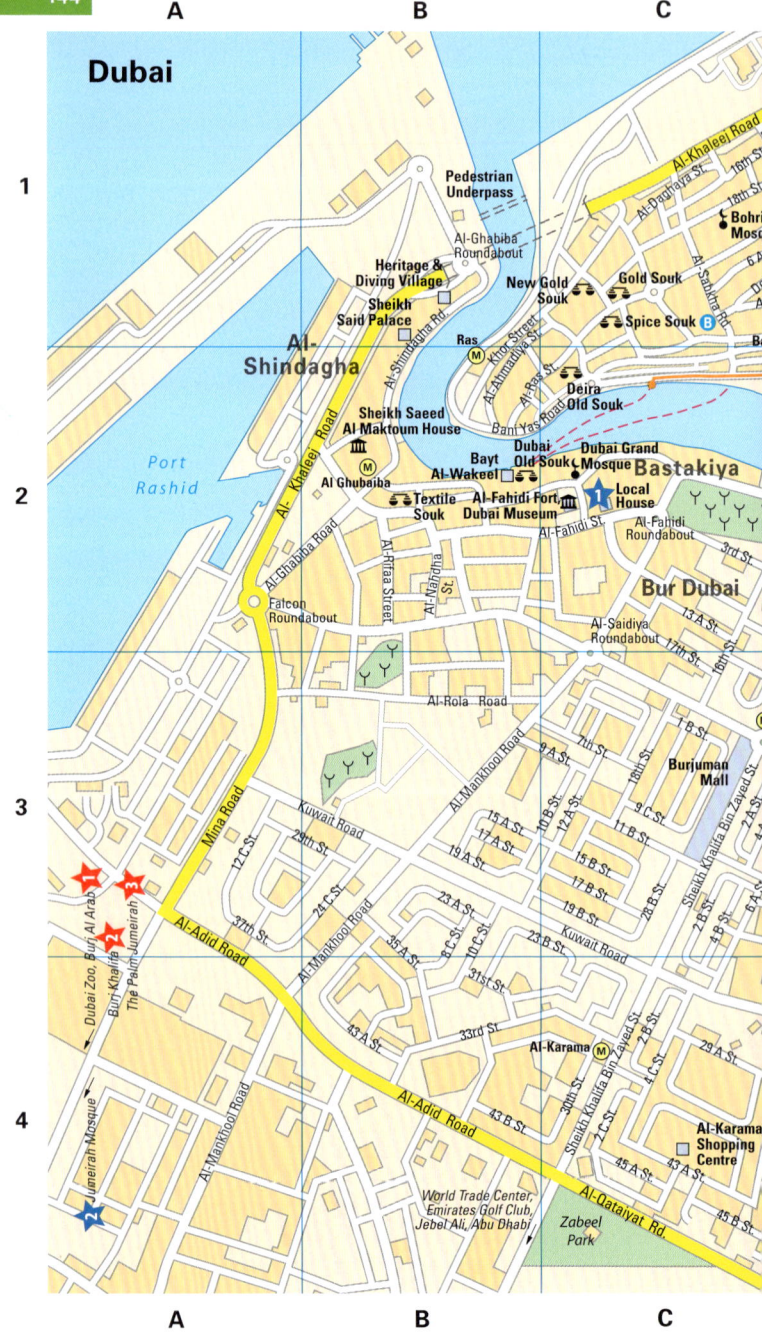

Dubai

© MERIAN-Kartographie

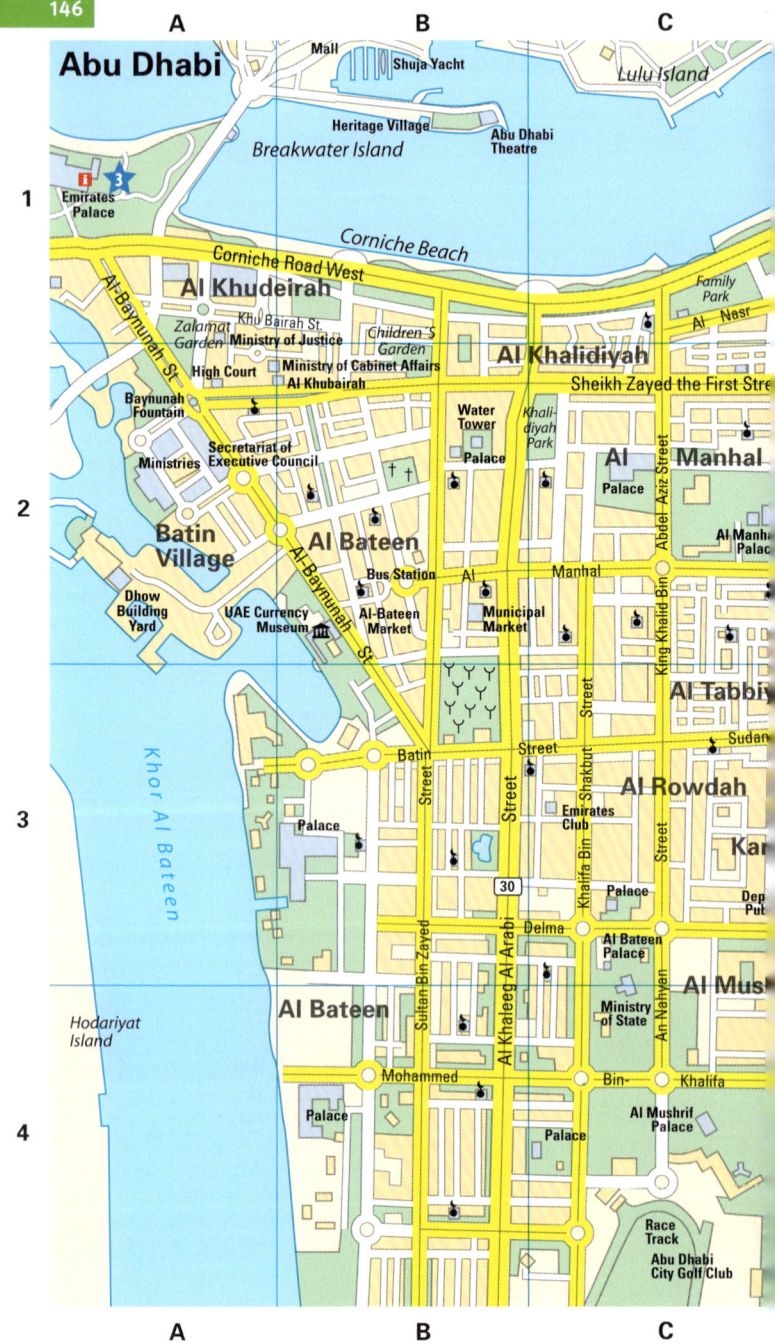

Abu Dhabi

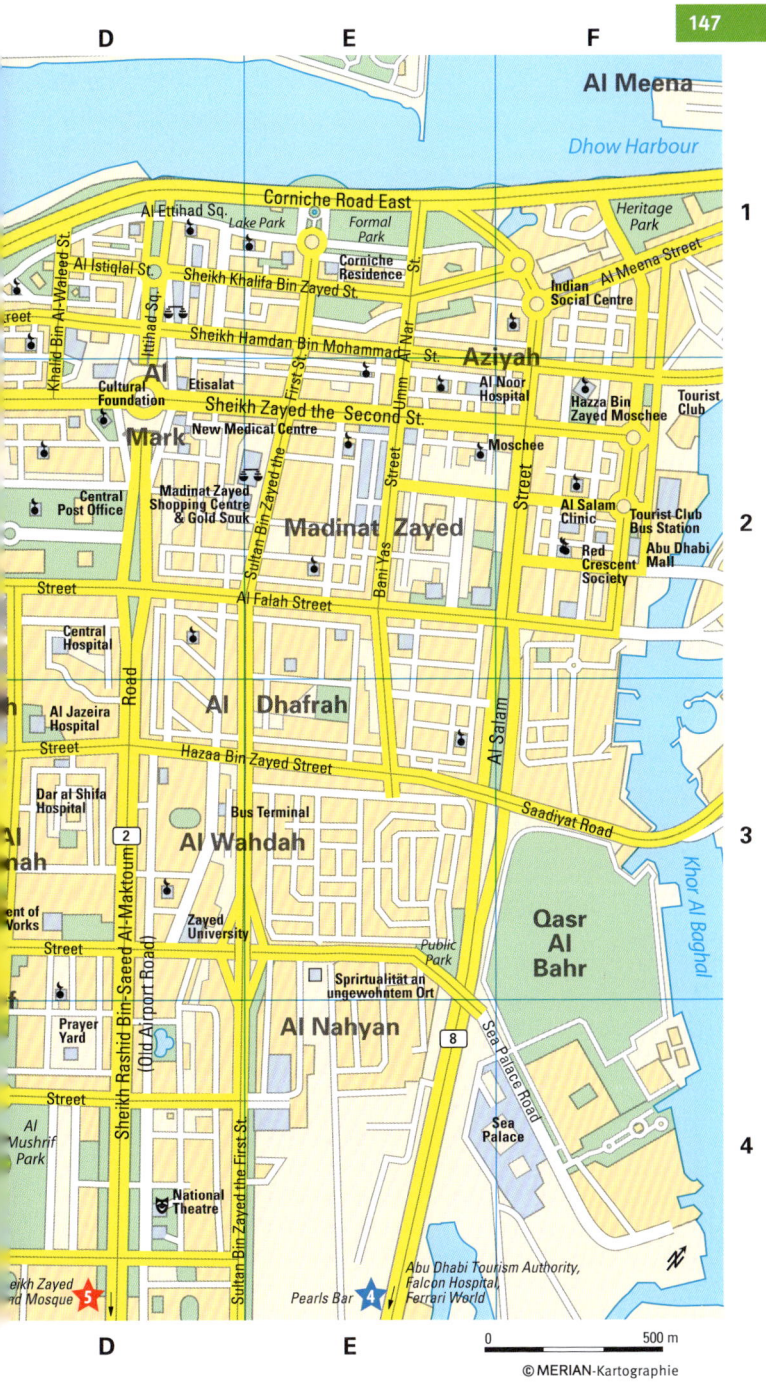

Al Meena

Dhow Harbour

Heritage Park

Corniche Road East

Al Ettihad Sq. Lake Park Formal Park

Al Istiqlal St. Corniche Residence

Indian Social Centre Al Meena Street

Sheikh Khalifa Bin Zayed St.

Sheikh Hamdan Bin Mohammad St. Aziyah

Al Etisalat Al Noor Hospital Hazza Bin Zayed Moschee Tourist Club

Cultural Foundation

Mark Sheikh Zayed the Second St.

New Medical Centre Moschee

Central Post Office Madinat Zayed Shopping Centre & Gold Souk Madinat Zayed Al Salam Clinic Tourist Club Bus Station Abu Dhabi Mall

Red Crescent Society

Street Al Falah Street

Central Hospital

Al Dhafrah

Al Jazeira Hospital

Street Hazaa Bin Zayed Street Saadiyat Road

Dar al Shifa Hospital

Al Wahdah Qasr Al Bahr

Zayed University Public Park

Street Spriritualität an ungewohntem Ort

Al Nahyan 8

Prayer Yard Sea Palace

Al Mushrif Park

National Theatre

eikh Zayed 5 Pearls Bar 4 Abu Dhabi Tourism Authority, Falcon Hospital, Ferrari World Sea Palace

D E 0 500 m

© MERIAN-Kartographie

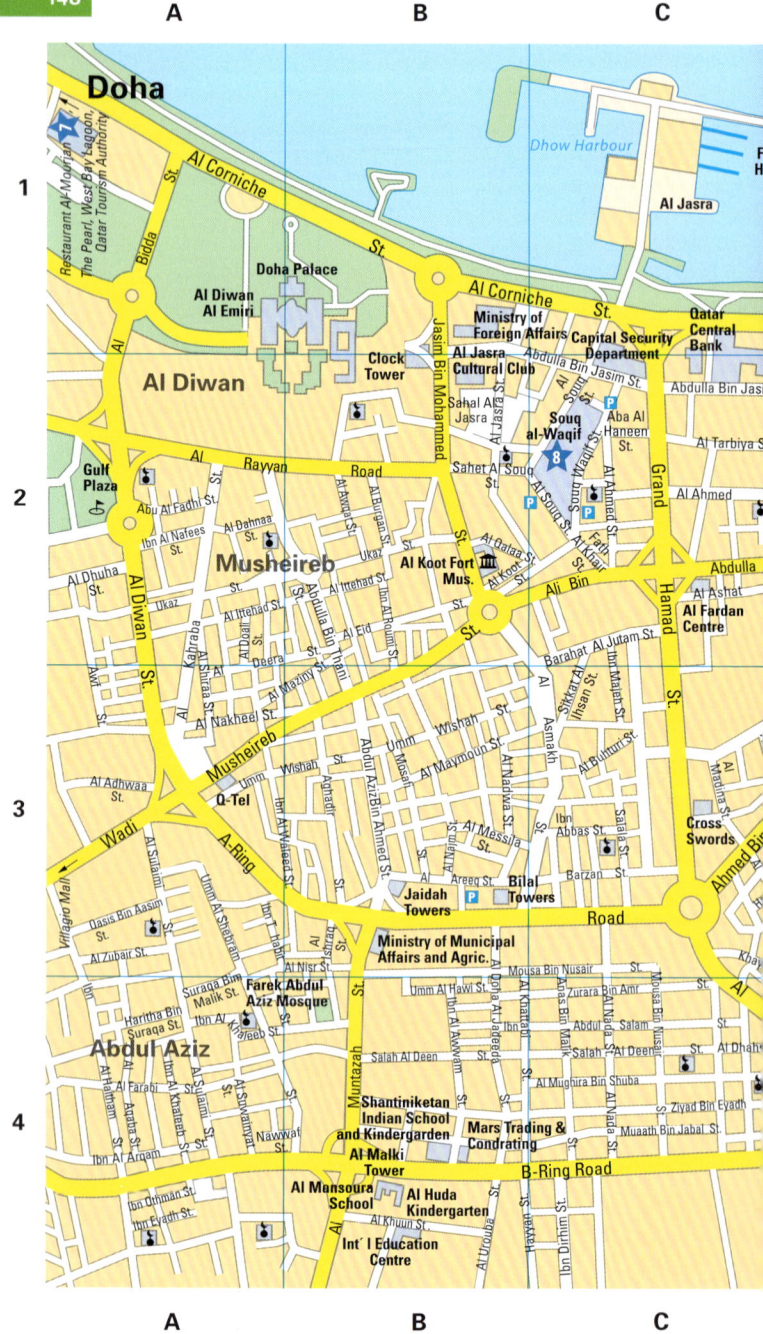

149

D E F

Qatar Museum of Islamic Art
Seaport Authority Police Station
Doha Port
Customs St.
Customs St.
RAFCO
Customs Building
Qatar National Bank
Al Corniche St.
Ministry of Finance
Ministry of Municipal Affairs and Agriculture
Baladiya St.
Al Corniche St.
Museum Park St.
Salata Park
Museum Park
National Museum Qatar
Museum Roundabout
Al Bank St.
Ethnographic Museum
Al Salata
Qatar Red Crescent Society
Aaliya St.
Al Aaliya St.
Al Siyaha St.
St.
Al-Muthaf St.
Al-Muthaf
Al Hitmi School
Min. of Public Health Primary Care
Hamad Medical Centre
Loulou
Al Beshariya St.
Malik Bin Anas St.
Loulou St.
B-Ring Road
Al Mirqab
Al Maarif
Al Hitmi
Doha Stadium
Al Mirqab School
Addi Bin Zaid
Umm Al Futam St.
Al Ghajam St.
Al Dostour St.
Al Ghous St.
Yafa St.
Ras Abu Abboud St.
Dar Al Kutub
Ibn Al Jawzi St.
Abu Bakr al Siddiq Mosque
Bin Thani
Al Berak St.
Ibn Zuhair
Al Salma St.
Ibn Abdul Muttalib
Al Aman St.
Abu Bakr Al Siddiq
Saeed Bin Al Aas
Bait Al Hikma
Al Ghanim Al Qadeem South Mosque
Abu Bakr Al Sarh St.
Ibn Jundab St.
Al Khaleel Bin
Khaybar
Quraish St.
Al Ibreez St.
Umm Ghuwailina St.
Al Aman
B-Ring Road
Saad Bin Ubada St.
Othman St.
Kaab Bin Zuhair St.
Kudoos School
Simaisma
Al Bukhara St.
Umm Ghuwailina Health Centre
Simaisma
Al Fateh St.
Talbic School
Umm Ghuwailina
(Airport Road)
Khalid Electrical and Mechanical
Ibn Al Aghlab St.
Ibn Khaldoun St.

D E

0 250 m

© MERIAN-Kartographie

Manama

D   E   F

Bay of Arad

Airport Avenue

Arad Highway

Muharraq Sports Club

Arad Fort

4034 Road

4030 Road

46 Avenue

Al Hidd Highway

Bahrain International Airport

Galali

Aradous Highway

Arad

44 Avenue

44 Avenue

Al Hidd Highway

Al Hidd Highway

Asry Avenue

1

29 Avenue

4402 Road

4433 Road

46 Avenue

45 Avenue

Hatim Al Taie Avenue

Al Hidd Avenue

Halat Sulatah

453 Road

48 Avenue

Halat Naim

Al Hidd

Zimna Bay

Hatim Al Taie Avenue

2

al Qulayah

Hatim Al Taie Avenue

Asry Avenue

Shaikh Khalifa Bin Salman Crossway

Shaikh Khalifa Bin Salman Crossway

Dry Dock Highway

Hidd Power Company

3

1054 Road

Marine Service

Tubly Bay

Dry Dock Highway

4

D   E

0   1 km

© MERIAN-Kartographie

N

Kartenregister

DIE WELT *live!* ENTDECKEN.

A
Abu Dhabi
Amalfiküste/Golf von Neapel
Amsterdam
Andalusien
Antalya
Antwerpen/Brügge/Gent
Apulien

B
Bali
Bangkok
Barbados/St. Lucia/Granada/
 Kleine Antillen
Barcelona
Basel
Berlin
Bern
Bodensee
Bretagne
Brüssel
Budapest

C
Chalkidiki/Thessaloniki
Cinque Terre/Ligurien/Genua
Cornwall/Südengland
Costa Rica/Panama

D
Dominikanische Republik
Donaukreuzfahrt
Dresden
Dubai/Emirate/Oman
Dublin

E
Edinburgh
Elba
Elsass
Erfurt

F
Finnland
Florenz
Florida
Frankfurt am Main
Fuerteventura

G
Gardasee
Genusstouren durch die
 deutschen Weinregionen
Glacier Express
Göteborg
Gran Canaria

H
Hamburg
Hannover
Heidelberg
Helsinki
Hongkong/Macau
Hurtigruten/Norwegen mit
 dem Postschiff

I
Ibiza/Formentera
Island
Israel
Istanbul
Istrien

K
Kärnten
Kalabrien
Kanalinseln/Jersey/Guernsey
Kanarenkreuzfahrt
Kappadokien
Kapverdische Inseln
Karibikkreuzfahrt
Kenia/Tansania/Sansibar
Köln
Kopenhagen
Korea
Korsika
Kos
Krakau
Kreta
Kreuzfahrt im Arabischen Meer
Kroatien südliche Küste
 und Inseln
Kuba

L
Languedoc-Roussillon
Lanzarote
La Palma
Las Vegas
Leipzig
Lissabon
London

M
Madeira/Porto Santo
Madrid
Mailand
Malediven
Mallorca
Malta und Gozo
Marokko
Mauritius
Mecklenburgische Seenplatte
Mexiko/Yucatán
Mittelmeerkreuzfahrt
 östlicher Teil
Mittelmeerkreuzfahrt
 westlicher Teil
Moskau
München
Mykonos

N
Namibia
New York
Nizza/Monaco/Cannes/
 Saint-Tropez
Nordfrankreich/Nord-Pas de
 Calais/Picardie
Nürnberg

O
Oberitalienische Seen
Oslo
Ostfriesland/Ostfriesische Inseln

Ostseekreuzfahrt
Ostseeküste Mecklenburg-
 Vorpommern

P
Paris
Phuket
Piemont/Turin/Lago Maggiore
Prag
Provence

R
Rheinkreuzfahrt
Rhodos
Riga
Rom
Rügen/Hiddensee/Stralsund

S
Salzburg/Salzburger Land
San Francisco
Santorin
Sardinien
Schottland
Schwarzwald/Freiburg
Schweden/Der Süden
Seoul
Seychellen
Shanghai
Singapur
Sizilien/Liparische Inseln
Spaziergänge in Barcelona
Spaziergänge in Berlin
Spaziergänge in Hamburg
Spaziergänge in London
Spaziergänge in München
Spaziergänge in Paris
Spaziergänge in Rom
Spaziergänge in Wien
Sri Lanka
St.Petersburg
Stockholm
Straßburg
Stuttgart
Südafrika
Südtirol
Sylt

T
Teneriffa
Tessin/Lago Maggiore/
 Luganer See
Thailand
Toskana
Tunesien/Djerba
Türkei Südküste

V
Valencia/Costa Blanca
Venedig
Verona und das Veneto

W
Weimar
Wien

Z
Zürich
Zypern

Über
150
Titel!

MERIAN
Die Lust am Reisen

Nawwaf Street
148 A4–B4
Othman Street
149 E3
Qasis Bin Aasim
Street 148 A3
Quraish Street
149 E3
Ras Abu Abboud
Street 149
E3–F3
Ras Abu Meshout
Street 149 E3
Saad Bin Ubada
Street 149
D3–D4
Saeed Bin Al
Aas Street
149 F3
Sahet Al Souq
Street 148 B2
Salah Al Deen
Street 148
B4–C4
Salala Street
148 C3
Shall Al Arab
Street 149 D3
Shenan Street
149 E4
Sheraouth Street
149 F2–F3
Sikkat Al Ihsan
Street 148 C3
Simaisma Street
149 E4–F4
Souq Waqif Street
148 C2
Suraqa Bim
Malik Street
148 A4
Thabit Bin
Aamir Street
149 F3
Thumama Bin
Addi Street
149 F3
Ukaz Street 148
A2–B2
Umm Al Ghailam
Street 149 F2–
F3
Umm Al Hawi
Street 148 B4

Umm Al Shebram
Street 148
A3–B4
Umm Ghuwailina
Street 149
E3–F4
Umm Wishah
Street 148
A3–B3
Wadi Al Ikhwan
149 F2–F3
Wadi Musheireb
Street 148
A3–B2
Wahran Street
149 F4
Yafa Street 149
E3–F3
Ziyad Bin Eyadh
Street 148–149
C4–D4
Zurara Bin Amr
Street 148 C4

MANAMA
1 Avenue 150 C1
1601 Road 150
C1–C2
1638 Road 151
E3–F3
22 Avenue 150
C3   C4
2431 Road 150 C3
2728 Road 150 A3
28 Avenue 151 D1
29 Avenue 151 D1
3511 Road 150 B4
40 Avenue 151 D1
4034 Road 151 D1
4201 Road 150 B4
4306 Road 150 B4
4330 Road 151 E1
44 Avenue 151 E1
4402 Road 151 E1
4433 Road 151 E1
45 Avenue 151 D1
46 Avenue 151 E1
48 Avenue 151
D2–E2
707 Road 150
C1
943 Road 151
E1–E2
Adliya 150 A3

Airport Avenue
150–151 C1–D1
Al Fatih Highway
150 B2–B4
Al Hidd Avenue
151 F1
Al Hidd Highway
151 E1–F1
Al Khalifa Avenue
150 C1
Al Shabab Avenue
150 B3–C3
Al Zubara Avenue
150 A2–B2
Arad Highway
151 D1
Aradous Highway
151 E1–F1
Asry Avenue 151
F1–F2
Bani Ot Bath
Avenue 150
A3–B3
Boomaher
Avenue 150 C1
Busalteen Avenue
150 C1
Dry Dock Highway
151 F3–F4
Exhibitions
Avenue 150 B2
Ghous Highway
150 B1
Government
Avenue 150 A2
Hatim Al Taie
Avenue 151
E1–F2
Isa Al Khabeer
Avenue 150
A2–A3
Juffair Avenue 150
B3–B4
Khalifa Al Kabeer
Highway 150–
151 C2–D1
King Faisal
Highway 150 A2
Kuwait Avenue
150 A3–B4
Municipality
Avenue 150 C1
Osama Bin Zaid St
150 A3

Palace Avenue
150 A2–A3
Qudaybiyah
Avenue 150
A3–B2
Road 1708 150
A2
Shaikh Daij
Avenue 150
A3–B3
Shaikh Hamad
Causeway 150
A2–B2
Shaikh Isa
Avenue 150
A2–C1
Shaikh Isa Bin
Crossway 150 B1
Shaikh Isa Bin
Salman Avenue
150 A4–B4
Shaikh Khalifa
Bin Salman
Avenue 150
C3–C4
Shaikh Khalifa
Bin Salman
Crossway 151
E3–F3
Shaikh Salman
Avenue 150 C1
Um Al Hassan
Avenue 150 B4
Um Ish'om
Avenue 150 A4
Wali Al Ahd
Avenue 150 C1

Orts- und Sachregister

Wird ein Begriff mehrfach aufgeführt, verweist die **fett** gedruckte Zahl auf die Hauptnennung. Abkürzungen: Hotel [H], Restaurant [R]

Liebe Leserinnen und Leser,
vielen Dank, dass Sie sich für einen Titel aus unserer Reihe MERIAN *live!* entschieden haben.
Wir freuen uns, Ihre Meinung zu diesem Reiseführer zu erfahren. Bitte schreiben Sie uns an
merian@graefe-und-unzer.de, wenn Sie Berichtigungen und Ergänzungen haben – und
natürlich auch, wenn Ihnen etwas ganz besonders gefällt.
Alle Angaben in diesem Reiseführer sind gewissenhaft geprüft. Preise, Öffnungszeiten usw.
können sich aber schnell ändern. Für eventuelle Fehler übernimmt der Verlag keine Haftung.

© 2017 GRÄFE UND UNZER VERLAG
   GmbH, München
MERIAN ist eine eingetragene Marke der
GANSKE VERLAGSGRUPPE.

2. unveränderte Auflage 2018

Alle Rechte vorbehalten. Nachdruck, auch
auszugsweise, sowie die Verbreitung durch
Film, Funk, Fernsehen und Internet, durch
fotomechanische Wiedergabe, Tonträger und
Datenverarbeitungssysteme jeglicher Art nur
mit schriftlicher Genehmigung des Verlages.

**BEI INTERESSE AN DIGITALEN DATEN
AUS DER MERIAN-KARTOGRAPHIE:**
kartographie@graefe-und-unzer.de

**BEI INTERESSE AN MASSGESCHNEI-
DERTEN B2B-EDITIONEN:**
veronica.reisenegger@graefe-und-unzer.de

BEI INTERESSE AN ANZEIGEN:
KV Kommunalverlag GmbH & Co KG
Tel. 0 89/9 28 09 60
info@kommunal-verlag.de

GRÄFE UND UNZER VERLAG
Postfach 86 03 66
81630 München
www.merian.de
LESERSERVICE
merian@graefe-und-unzer.de
Tel. 00 800/72 37 33 33*
Mo-Do: 9.00 - 17. 00 Uhr
Fr: 9.00 - 16. 00 Uhr
*(*gebührenfrei in D, A, CH)*

REDAKTIONSLEITUNG/REDAKTION
Susanne Kronester
LEKTORAT
Beate Martin
SATZ/TECHNISCHE PRODUKTION
h3a GmbH, München
BILDREDAKTION
Tobias Schärtl
SCHLUSSREDAKTION
Andrea Lazarovici
HERSTELLUNG
Gloria Schlayer, Bettina Häfele
REIHENGESTALTUNG
La Voilà, Marion Blomeyer & Alexandra
Rusitschka, München und Leipzig
(Coverkonzept, Ergänzungen Innenteil)
Independent Medien Design, Horst Moser,
München (Innenteil)
KARTEN
Kunth Verlag GmbH & Co. KG
für MERIAN-Kartographie
DRUCK UND BINDUNG
Printer Trento, Italien

Ein Unternehmen der
GANSKE VERLAGSGRUPPE

PEFC/18-31-506